GRAMMAIRE

FLAMANDE-FRANÇAISE.

Imprimerie de J.-B. DE WALLENS et C°

Rue du Canal, N° 2, à Bruxelles,

GRAMMAIRE
FLAMANDE-FRANÇAISE,

ADOPTÉE

PAR L'ATHÉNÉE ROYAL DE BRUXELLES;

Par M. F. Bôn,

PROFESSEUR DIPLÔMÉ ET TRADUCTEUR JURÉ.

> Alter ut alterius populi
> linguæ alterius sic
> Altera poscit opem.

BRUXELLES,
CHEZ LES PRINCIPAUX LIBRAIRES.

1839.

SA MAJESTÉ LÉOPOLD PREMIER, Roi des Belges, etc., etc., etc.

Tribut
DE RESPECT ET DE GRATITUDE
offert
PAR L'AUTEUR.

Tous les exemplaires sont revêtus de ma griffe.

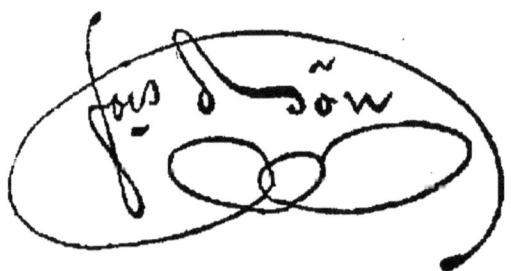

OUVRAGES DU MÊME AUTEUR :

1° Opuscule encyclopédique en 3 langues.
2° Grammaire anglaise en 2 parties.
3° Un recueil de dialogues en 3 langues.
4° Encyclopédie en anglais.
5° Traité complet de la prononciation anglaise.
6° Dialogues en quatre langues, adoptée par l'Athénée Royal de Bruxelles.

IMPRIMERIE DE N. J. GREGOIR,
Rue au Lin, N° 20.

AVANT-PROPOS

L'étude de la langue flamande abandonnée depuis si long-temps, forme aujourd'hui une branche essentielle de l'instruction publique. Des hommes de mérite et amis de leur pays travaillent à perfectionner un idiome qui est celui d'un grand nombre de Belges, et dans lequel ont écrit des auteurs distingués. Plusieurs sociétés de langue et de littérature flamande se sont déjà formées dans les Flandres, et une réunion d'hommes instruits présidée par le savant M. Willems, se tient au ministère de l'intérieur, dans le but de fixer définitivement l'orthographe de la langue flamande. Le gouvernement et Sa Majesté le Roi en particulier, encouragent ceux qui cherchent à faciliter l'étude de cette langue. C'est sans doute à cet encouragement que nous devons l'excellent dictionnaire flamand-français, et français-flamand publié par l'abbé Olinger ; cet ouvrage est aujourd'hui généralement adopté. Plusieurs grammaires flamandes ont été publiées à peu près dans le même temps et dans l'orthographe suivie par M. Olinger, entr'autres celles de MM. David et Mussely; mais ces ouvrages étant écrits entièrement en Flamand ne peuvent pas servir aux personnes qui désirent apprendre la langue flamande par le moyen du Français: c'est pourquoi j'ai cru leur rendre un véritable service en publiant une grammaire française-flamande que j'ai cherché à rendre aussi claire et aussi méthodique qu'il m'a été possible. J'avoue franchement ici que j'ai puisé dans toutes les grammaires ce que j'y ai trouvé de bon, heureux si par mes efforts je suis parvenu à me rendre utile à mes concitoyens.

GRAMMAIRE FLAMANDE-FRANÇAISE.

PREMIÈRE PARTIE.

DE L'ORTHOGRAPHE.

Des lettres de l'Alphabet flamand et de leur formation en mots.

Pour écrire des mots flamands on se sert des lettres suivantes : a, b, c, d, e, f, g, h (.1), i, j, (2), k, l, m, n, o, p, q, r, s, t, u, v, w, x (3), y (4), z, et du *ch* composé (5). On les prononce a, bé, cé, dé, é, ef, gué, ha, i, ka, el, em, en, o, pé, ku, er, es, té, u, vé, wé, zed.

Quelques-unes de ces lettres se prononcent en ouvrant la bouche, et elles portent le nom de *voyelles*, parce qu'elles forment seules une *voix*, un *son*: les autres se prononcent en rapprochant plus ou moins les lèvres, et se nomment

---

(1) Cette lettre est toujours aspirée.
(2) Cette lettre se prononce comme dans la dernière syllabe des mots *gagner, peigner*.
(3) Cette lettre se prononce *iks*.
(4) Cette lettre a le son de *l'ï* dans *haï*.
(5) *Ch*, à la fin des mots, se prononce comme *g* et au commencement des mots, comme *k*.

consonnes, parce qu'on ne peut les prononcer sans le secours d'une voyelle.

DES VOYELLES.

Leur nombre et la manière dont elles sont formées.

La langue flamande a six *voyelles,* savoir : a, e, i, o, u, y, et il ne lui en faut pas un plus grand nombre pour exprimer tout ce qu'on veut.

En prononçant les voyelles de l'*a* jusqu'à l'*u*, on observe un rapprochement graduel des lèvres, de sorte que c'est en prononçant l'*a* que la bouche est le plus ouverte ; en prononçant l'*e,* elle l'est moins : en prononçant l'*i* et l'*o,* elle l'est encore moins, et en prononçant l'*u*, les lèvres se resserrent plus que pour former tout autre son.

Des Diphthongues et Triphthongues.

Quand la bouche passe d'une ouverture à une autre, elle produit alors deux ou trois voyelles, qui font toujours entendre un son composé. On appelle les premières *diphthongues,* et les dernières *triphthongues.*

Une diphtongue se forme par l'union de la simple lettre a, e, i, o, u, avec e, y ou u, comme :

A avec *u,* dans *dauw,* rosée ; *paus,* pape.
E avec *y,* dans *hey,* bruyère : *wey,* petit lait.
E avec *u,* dans *beuk,* hêtre ; *reuk,* odorat.
I avec *e,* dans *die,* ce ; *vriend,* ami.
O avec *e,* dans *goed,* bon ; *hoed,* chapeau.
O avec *u,* dans *hout,* du bois ; *koud,* froid.
U avec *y,* dans *bruyd,* fiancée ; *guyt,* fripon.

Et quoique les premières voyelles soient doublées, et qu'ainsi les mots changent et de forme et de prononciation elles restent néanmoins des diphthongues, comme: *ik maey*, je fauche; *flaeuw*, fade, faible; *leeuw*, lion; *hooy*, du foin, etc.

Il y a triphthongue, quand *ie* et *oe* sont unis avec un *u* ou un *i*, comme: *nieuw*, nouveau; *boey*, chaîne; etc.

Quant à la prolongation des diphthongues et triphthongues, qui se terminent en *i*, on peut observer que la lettre *j*, placée derrière l'*i*, paraissant le mieux convenir à la prononciation, la manière d'écrire *maeyen*, faucher; *vleyen*, flatter; *groeyen*, croître; *gooyen*, jeter; *bruyen*, tourmenter, etc., est préférable à toute autre.

A l'égard des diphthongues, on observe encore, qu'*au*, se prononce souvent mal à propos comme *ou*, la différence étant manifeste dans les mots *het dauwt*, il tombe de la rosée, et *hy douwt*, il presse; qu'on employait autrefois souvent *ue* pour *ou*; *uy* et *ou* pour *oe*; et qu'ainsi on écrivait *duegde*, pour *deugde*, ou *deugd*, vertu; *guyd* pour *goed*, bon; *bouk* pour *boek*, livre, etc.; qu'enfin *ey* est souvent confondu avec *ay*; *eu* avec *oe*, *e* et *o*; *uy* avec *ie*, et *ie* avec *ue*, comme: *kley*, *klay*, argile; *geneugte*, *genoegte*, contentement; *leunen*, *lenen*, appuyer; *steuren*, *storen*, troubler; *kuyken*, *kieken*, poulet; *bestier*, *bestuer*, gouvernement.

De l'Orthographe des Voyelles simples et doubles.

Les voyelles sont brèves ou longues:
A est bref dans *dag*, jours; *dak*, toit.
A est long dans *dagen*, jours; *daken*, toits.
E est bref dans *den*, le; *dewyl*, puisque.
E est long dans *leven*, vie; *week*, semaine.
E est bref dans *bel*, sonnette; *snel*, vite.
E est long dans *been*, jambe; *steen*, pierre.
I est bref dans *min*, amour; *zin*, sens.

Y est long dans *myn*, mon ; *zyn*, son.
O est bref dans *bot*, stupide ; *dom*, stupide.
O est long dans *boom*, arbre ; *stroom*, courant d'eau.
U est bref dans *dun*, mince ; *mug*, cousin.
U est long dans *muer*, muraille ; *zuer*, aigre.

Toutes les voyelles qui sont prolongées dans la prononciation et qui se terminent par une consonne, sont suivies d'une autre voyelle ; ainsi on écrit *daed*, fait ; *week*, semaine ; *kool*, charbon ; *muer*, muraille.

Ces mots, comme beaucoup d'autres de cette espèce, perdent la seconde voyelle au pluriel ; car on écrit *daden*, *weken*, *kolen*, *muren* ; mais la prononciation n'en est pas pour cela moins longue.

On peut adopter comme règle générale, que ni l'*a* ni l'*u* ne sont suivis d'un *e*, quand ils sont suivis d'une seule consonne et d'une voyelle, comme : *straten*, rues ; *muren*, murailles ; *dwalen*, errer ; *duren*, durer. Mais l'*e* et l'*o* sont souvent redoublés, comme dans les mots *beenen*, jambes ; *steenen*, pierres ; *koopen*, acheter ; *loopen*, courir. Il est cependant très-difficile pour un étranger, et souvent même pour un Flamand, de bien distinguer les mots qui exigent les doubles voyelles *ee* et *oo* de ceux qui ne les demandent pas. On en a formé des tables séparées, qu'il est utile, surtout pour un étranger, de consulter, afin de ne pas se tromper : il y a cependant des règles par lesquelles on peut savoir si un mot exige seulement *e* ou *ee*, *o* ou *oo* (1). Je vais les indiquer.

---

(1) On prétend qu'il y a dans la prononciation une différence, quoique légère, entre le simple *e* long et le double *ee* long, ainsi qu'entre le simple *o* long et le double *oo* long, que les doubles *ee* et *oo* ont une prononciation plus

1°. Le simple *e* doit figurer dans les verbes irréguliers, comme : *lezen*, lire ; *treden*, marcher ; *wy leden*, nous souffrîmes, de *lyden*, souffrir.

2°. Dans les verbes qui ont deux syllabes brèves à la fin, comme : *bedelen*, mendier ; *verdedigen*, défendre, etc. ainsi que dans les mots qui en dérivent. Il y a cependant une exception dans les mots qui dérivent des noms substantifs,

---

aiguë que les *e* et les *o* simples ; cependant il n'est pas aisé de toujours bien saisir cette différence, et M. B. convient que les Flamands mêmes ne l'aperçoivent pas tous également bien, et qu'elle ne peut presque pas être sentie par les habitans d'Anvers. Elle n'en est pourtant pas moins fondée sur la nature de la langue, et on l'observe distinctement dans différentes parties du royaume. Ce qui prouve bien la nécessité de se servir du double *ee* pour former un son long aigu, et différent du son long, mais plus doux, de l'*e* simple, c'est qu'il existe dans la langue flamande plusieurs mots dans lesquels la double voyelle *ee* est souvent confondue avec *ey* long et aigu, comme *heylen*, guérir, d'où dérive *heyland*, sauveur ; *teyken*, signe ; *deylen*, partager ; *meynen*, penser ; etc., mots surannés, et seulement usités dans quelques provinces, pour lesquels on emploie généralement *heelen*, *teeken*, *deelen*, *meenen*, etc. L'usage de la double voyelle *oo* n'est pas seulement fondé sur la prononciation prolongée et aiguë des habitans des Flandres ; mais il est encore confirmé par l'analogie qu'a la langue flamande avec d'autres langues étrangères ou de même origine ; de sorte que toutes les fois que le mot étranger, analogue au mot Flamand, ou duquel ce dernier dérive, s'écrit par *au*, il faut *oo* en Flamand. Voyez les exemples dans le texte.

lesquels ont un double *ee* long, comme : *beëedigen*, affirmer par serment; den *eed*, serment; *beleedigen*, offenser; het *leed*, chagrin; etc.

3°. Dans le pluriel des noms substantifs qui ont l'*e* bref au singulier, comme: *bevelen*, commandemens; het *bevel*, etc.

4°. Dans le pluriel de tous les mots, qui, au singulier, finissent en *heyd*, comme : *bevalligheden*, grâces; de *bevalligheyd*, etc.

5°. Dans les verbes qui se terminent en *eren*, comme : *regeren*, régner; *waerderen*, priser, apprécier.

6°. Dans les mots qui prennent souvent l'*e* pour l'*eu* comme : *lenen*, *leunen*, s'appuyer; *krepel*, *kreupel*, boiteux; etc.

7°. Dans les mots d'origine étrangère, qui ont l'accent sur l'*e* long, comme : *zegel*, timbre ; *kemel*, chameau ; *peper*, poivre, etc.

La double voyelle *ee* longue figure :

1°. Dans les mots qui, dans un autre dialecte, ont *ey* ou *ie*, comme : *gemeen*, *gemeyn*, commun, *bleek*, *bliek*, pâle ; etc.

2°. Dans les mots qui se terminent en *eeuw*, comme *leeuw*, lion; *eeuw*, siècle, etc.

3°. Dans les substantifs qui ont la terminaison en *eel*, comme : *juweel*, bijou ; *tooneel*, scène, etc.

4°. Enfin, dans la plupart des mots qui ont en allemand *ei*, comme : *alleen*, *allein*, seul ; *deel*, *theil*, partie, etc.

Dans le pluriel de ces mots, et dans les mots qui en dérivent, la double voyelle *ee* est toujours conservée.

On se sert de l'*o* simple, tout comme de l'*e* simple;

1°. Dans les verbes irréguliers, comme : *komen*, venir; *bedrogen*, trompé, de *bedriegen*, tromper. Sont exceptés : *koopen*, acheter; *loopen*, courir; *stooten*, pousser.

2°. Dans les mots qui souvent changent l'*o* en *eu*, comme : *logen*, *leugen*, mensonge; *molen*, *meulen*, moulin, etc.

3°. Dans le pluriel des mots qui ont au singulier l'*o* bref, comme : *geboden,* commandemens, het *gebod; Goden,* Dieux, *God*, Dieu; etc.

4°. Dans les mots d'origine étrangère, qui ont l'accent sur l'*o*, comme : *koper,* cuivre; *mode,* mode; *toren,* tour; etc. Sont exceptés : *kroonen,* couronnes; *troonen,* trônes; *toonen,* montrer.

La double voyelle *oo* est employée :

1°. Dans les mots qui sont d'origine étrangère, et dont la diphthongue originale *au* est changée en *oo*, comme : *klooster,* CLAUSTRUM, cloître; *kool,* CAULIS, chou; *moor,* MAURUS, maure, etc.

2°. Dans les mots, qui ont en allemand *au*, comme *boom, baum,* arbre; *koopen, kaufen,* acheter, etc.

Dans le pluriel et dans les mots qui en dérivent, la double voyelle *oo* est également conservée.

Il faut encore faire observer que tous les mots d'une prononciation prolongée et qui se terminent par deux ou plusieurs consonnes, conservent dans leur déclinaison ou leur conjugaison les doubles voyelles. Exemple : *peerd,* cheval; *peerden,* chevaux; *leers,* botte; *leerzen,* bottes; *ik kaets,* je joue à la paume; *wy kaetsen,* nous jouons à la paume; *stuersch,* brusque; *stuersche,* brusques; *buert,* voisinage; *buerten,* voisinages. Et il en est de même des mots qui ont les doubles *oo*, comme : *boord,* bord, *boorden; koord,* corde, *koorden; hoofd,* tête, *hoofden;* etc.

De l'Orthographe de l'*y*.

On se sert toujours de l'*y* dans les noms substantifs qui indiquent un état ou une action, comme : *slavery,* esclavage; *heerschappy,* domination; *dievery,* filouterie, larcin; dans les mots qui se terminent en *heyd, ley* et *steyn,* comme :

waerheyd, vérité; *velerley*, divers; *Ysselsteyn*, nom d'une ville, etc. On s'en sert encore dans tous les mots qui dérivent d'un mot français, lequel a l'accent aigu sur l'*é*, ou *ée*, comme : *majesteyt*, du français *majesté*; ou qui est écrit par *ai*, comme : *fonteyn*, fontaine; etc. (Est excepté de cette règle *dozyn*, douzaine); dans les mots où *eg* ou *ege* est contracté en *ey*, comme : *zeyl*, voile; de *zegel*, etc. On pourrait établir encore d'autres règles; mais le plus sûr sera pour ceux qui sont embarrassés dans l'emploi de ces lettres, ainsi que des doubles *ee* et *oo*, de consulter le *Dictionnaire de M. l'abbé Olinger*; pour l'orthographe flamande.

De la prolongation ou du redoublement des Voyelles.

On peut établir maintenant comme règle générale que la prolongation d'une voyelle s'opère en redoublant la voyelle. Mais, l'*a* et l'*u* se prolongent par un *e*.

Il faut remarquer que la voyelle *u*, suivie d'un *w*, n'est jamais doublée, quoique sa prononciation soit prolongée, parce que la consonne *w* a quelque chose du son de l'*u*, de sorte que cette voyelle peut être considérée comme prolongée par cette consonne; ainsi on écrit : *ruw*, rude; *schaduw*, ombre; *gehuwd*, marié; etc. On prononce ces mots comme s'ils avaient *ue*.

DES CONSONNES.

De quelques lettres placées à tort dans les consonnes flamandes.

Le *c*, le *q* et l'*x*, étant des lettres d'origine étrangère, ne sont employés que pour exprimer des mots étrangers, comme *Cicero*, Cicéron; *cyfer*, chiffre; *Quinctilianus*,

Xerxes, etc. Le *c* n'est employé que dans les mots purement flamands où il est suivi d'un *h*, comme dans *schoon*, beau ; *vrucht*, fruit; *mensch*, homme, etc. On ne s'en sert plus dans les mots *kamer*, chambre; *stuk*, pièce; *sieren*, orner; etc. Les Flamands se servent des lettres *kw*, pour exprimer le *q*, et des lettres *ks*, pour imiter le son de l'*x*. Ainsi on écrit *kwaed*, mal; *kwellen*, tourmenter; *volks*, du peuple; *dagelyks*, journellement.

La lettre *h* doit absolument se prononcer en Flamand, comme l'*h* aspiré des Français, dans les mots *haine*, *hameau*. Beaucoup de Flamands, mal à propos, ne l'aspirent pas, et pour *hond*, chien; *haen*, coq; *huys*, maison; ils disent *ond*, *aen*, *uys*. Ils ont alors dans ces sortes de mots la même prononciation que les Français, dans les mots *histoire*, *homme*, qu'ils prononcent *istoire*, *omme*.

La lettre *j* n'est proprement que la voyelle *i* qui, placée au commencement des mots, avant une autre voyelle, produit par la vitesse de la prononciation le son d'une consonne. Ainsi ou lieu d'écrire *Iacob*, *iagen*, on écrit et on prononce, avec vitesse: *Jakob*, Jacques: *jagen*, chasser.

Des consonnes reçues dans la langue flamande, et de leur prononciation.

Le *b* se prononce comme en Français. Le *c* n'est employé que dans les mots purs flamands qui s'écrivent par *ch*, comme: *vrucht*, fruit; *schoon*, beau; *mensch*, homme; *juychen*, pousser des cris de joie. Les lettres *ch* se prononcent à peu près comme le *g* en flamand, et anciennement elles étaient souvent confondues, de sorte qu'on écrivait *vrucht*, et autres mots semblables, tantôt *vrugt* par un *g*, et tantôt *vrucht* par un *ch*; mais aujourd'hui l'orthographe de tous ces mots est fixée et il n'y a plus aucune incertitude à cet égard. Les lettres *ch* ont toutefois une prononciation un peu plus aiguë que le *g*.

Le *d* se prononce comme en Français.

Il en est de même de la lettre *f:* sa prononciation est aiguë, et elle diffère en cela de la lettre *v*, qui a une prononciation douce. On remarque la même chose en français; ainsi, on prononce *feest*, fête; et *veel*, beaucoup comme un Français prononcerait ces mots.

Le *g* est d'une prononciation très-difficile pour un Français. On le prononce à peu près comme le *g* devant *a*, *o*, *u*, en français, mais plus doucement, ou comme *gh* en Italien.

Nous avons parlé ci-dessus de la lettre *h*, ainsi que de la lettre *j*.

Les consonnes *k*, *l*, *m*, *n*, *p*, se prononcent comme en Français.

Quant à la lettre *q*, voyez ci-dessus.

L'*r* ne diffère guères dans la prononciation de la même lettre en Français.

L'*s* a toujours un son aigu, et diffère en cela du *t*, qui a un son doux. Cette consonne se prononce comme dans les mots français: sabre, *sabel*; sodat, *soldaet*.

Le *t* se prononce comme en Français.

Le *v* a une prononciation douce, comme dans les mots français, *vivre*, *vider*, *végéter*, et c'est cette prononciation douce qui ne permet pas que cette lettre soit placée à la fin d'un mot, quoique l'analogie l'exige; en ce cas, elle est toujours remplacée par un *f*. Exemple: on n'écrit pas *ik blyv*, je reste; *ik bleev*, je restais; de *blyven*, rester; mais toujours *ik blyf*, *ik bleef*, par un *f*.

Le *w* se prononce à peu près comme le *v* en Français; voyez l'alphabet.

Le *z* a une prononciation très-douce, comme dans les mots français, *douze*, *treize*, *zéro*: il est à remarquer que cette lettre n'est jamais finale, par la même raison qui empêche le *v* de l'être. On écrit *huys* au singulier par un *s*, et au pluriel *huyzen*, par un *z*; *boos*, méchant; au pluriel *boozen*, méchans; *ik vrees*, je crains; *wy vreezen*, nous craignons, etc.

Du doublement des consonnes.

La prononciation exige que dans plusieurs mots les consonnes soient doublées; par exemple, dans les mots *bidden*, prier; *zeggen*, dire; quoiqu'on écrive *ik bid*, je prie; *ik zeg*, je dis, par une simple consonne. Il en est de même de beaucoup d'autres mots semblables, comme *leggen*, mettre; *hakken*, hacher; *pakken*, emballer; mais l'usage veut que dans les mots *lagchen*, rire; *pragchen*, se glorifier; *pogchen*, se vanter, les lettres *ch* soient doublées par un *g*, car on écrit *ik lach*, je ris; *ik prach*, je me glorifie; *ik poch*, je me vante. Il faut observer qu'on écrit encore avec *gch*, *ligchaem*, corps; *bogchel*, bosse; *rogchelen*, cracher; mais on écrit avec un simple *ch*, *huychelen*, faire l'hypocrite; *juychen*, pousser des cris de joie.

Quoique l'analogie de la langue pût justifier le redoublement des *d* et *t* dans les mots *gehaette*, haï, *de haten*, haïr; *gemeldde*, mentionné, de *melden*, mentionner, etc.; on ne l'a pas observé anciennement, et aujourd'hui on écrit constamment *gehaten*, *gemelden*, etc., sans doubler les consonnes *d* et *t*, ainsi que dans d'autres mots semblables.

Un simple *s* suffit aussi dans les mots suivans: *asem*, haleine; *brasem*, brême; *wasem*, vapeur; *deesem*, levain; *bloesem*, fleur: *geesel*, fléau; *hersen*, cerveau; *dansen*, danser; *schansen*, redoutes; *kansen*, chances; *lansen*, lances; *prinsen*, princes; *kersen*, cerises; *schorsen*, écorces, etc.; tandis que dans les mots, *dassen*, cravates; *bessen*, groseilles; *lessen*, leçons, le double *ss* est nécessaire.

L'usage veut qu'on écrive par *sch* les mots *druyschen*, faire du bruit; *ruyschen*, ruisseler; *blusschen*, éteindre; *lasschen*, enfiler; *lesschen*, éteindre; *wasschen*, laver, etc; tandis qu'on écrit *beslissen*, décider; *missen*, manquer; *bruysen*, rendre un son confus, mugir; *kussen*, donner un baiser; *wassen*, croître, etc. ; cette orthographe a été observée par les meilleurs auteurs, tant anciens que modernes.

De l'union des lettres pour en former des syllabes et des mots.

Une syllabe se forme par l'union des lettres; elle peut être formée d'une seule lettre, savoir: d'une voyelle, comme dans les mots *a-del*, noblesse; *e-del*, noble; ou de plusieurs lettres, comme: *al-le*, tous; *dwa-len*, errer; *schry-ven*, écrire. Un mot est composé d'une ou de plusieurs syllabes. Exemple: *stryd*, combat; *God*, Dieu; *goden*, dieux; *god-de-lyk*, divin; *ver-ont-weer-di-ging*, indignation.

Les mots sont simples ou composés; un mot simple est un mot qui ne peut pas être divisé, par exemple: *veld*, campagne; *zee*, mer. Un mot composé est un mot formé par l'assemblage de plusieurs mots simples, par exemple: *veld-heer*, général, de *veld* et *heer*, maître; *zee-visch*, poisson de mer, de *zee* et *visch*, poisson: *zee-vischmarkt*, marché aux poissons de mer; *wyn-azynmakery*, fabrique de vinaigre de vin.

Les mots composés ne se forment pas tous de la même manière; il y en a qui ne prennent pas d'autre lettre, comme ceux que nous avons cités dans le dernier paragraphe, et auxquels on peut encore joindre les mots suivans: *bier-glas*, verre à bierre; *gunst-ryk*, favorable; *hoog-moed*, orgueil; *vry-willig*, volontaire; *zelf-moord*, suicide, et quantité d'autres; mais il y en a aussi qui prennent un *s*, comme *huwelyks-goed*, dot; *lands-man*, compatriote; ou un *e*, comme *zinne-beeld*, emblème; *penne-mes*, canif, *honde-kot*, chenil. On n'apprend ces différences, comme beaucoup d'autres, que par l'usage.

C'est l'usage seul qui décide de la composition de plusieurs mots; ainsi on écrit, par exemple : *uytgaen*, sortir; *regtuyt gaen*, aller tout droit; *altyd*, toujours; *te allen tyde*, en tout temps; *brandschatten*, mettre à contribution sous peine d'incendie; *raedplegen*, consulter; *weerlichten*, faire des éclairs, en joignant les mots; *storm loopen*, monter à l'assaut; *huys houden*, tenir ménage; *dank zeggen*, rendre graces; *kryg voeren*, faire la guerre, en séparant les mots; parce qu'on dit: *ik raedpleeg*, je consulte; *het weerlicht*, il fait des éclairs; et au contraire: *ik loop storm*, je monte à l'assaut; *ik houd huys*, je tiens un ménage; *ik zeg dank*, je rends grâces; en plaçant le substantif après le verbe avec lequel il est composé; pour la même raison on écrira *te binnen brengen*, se rappeler; *te moede zyn*, être disposé; *vol gieten*, remplir de liquides; *veel gelden*, coûter cher; *overeen komen*, être conforme; *schoon maken*, nettoyer; *zamen voegen*, joindre; *te rug keeren*, retourner; *te leur stellen*, tromper l'attente; *te keer gaen*, s'opposer. Il faut écrire, avec une séparation, *ryk geladen*, richement chargé; *vooruyt stekend*, proéminent; *boven genoemd*, susnommé; *even eens*, semblable, pareil; *eene hand vol*, une main pleine; *twee handen vol*, deux mains pleines; *hoe veel*, combien; *zoo wel als*, aussi bien que; *dry en dertig*, trente-trois; *den een en vyftigsten*, le cinquante-unième; *een zes en dertig ponder*, une pièce de trente-six, etc. Cependant, quand l'usage n'a pas entièrement décidé à cet égard, il vaut mieux écrire les mots séparément, parce que la composition n'est souvent d'aucune utilité, et que de longues compositions causent ordinairement de l'obscurité.

Il faut encore observer ici qu'en combinant plusieurs

mots, qui tous se rapportent au substantif, placé à la fin, on met un tiret (-) après chaque mot qui n'est pas écrit en entier ; par exemple, on écrira *doop-trouw-en sterflysten*, c'est-à-dire *dooplysten*, *trouwlysten en sterflysten*, registres de baptêmes, de mariages et de décès, *leer-hekel-punt-en heldendichten*, au lieu de *leerdichten*, poèmes didactiques ; *hekeldichten*, satires ; *puntdichten*, épigrammes ; *en heldendichten*, et poèmes épiques ; cette répétition fréquente du même substantif aurait quelque chose de très-désagréable à l'oreille, et serait une véritable cacophonie.

RÈGLES GÉNÉRALES D'ORTHOGRAPHE.

De la prononciation, de l'étymologie, de l'usage et de l'euphonie.

La prononciation, l'étymologie, l'usage et l'euphonie déterminent l'orthographe d'un mot. Pour écrire un mot, il faut se servir des lettres nécessaires pour former le son que ce mot exige, il faut en cela se régler d'après la prononciation des personnes de la bonne société ; la prononciation, par exemple, s'oppose, comme on l'a déjà remarqué plus haut, à ce qu'on emploie les lettres *v* et *z* à la fin d'un mot ; parce qu'elles ont un son trop doux ; elle exige qu'on mette à leur place les lettres *f* et *s*. Ainsi on dit *leven*, vivre ; *ik leef*, je vis ; *lezen*, lire ; *ik lees*, je lis. Elle veut qu'on écrive *glanzig*, luisant ; *vleezig*, charnu ; quoiqu'on dise *glans*, éclat ; *vleesch*, chair.

L'étymologie exige qu'on écrive avec un *g*, et pas avec *ch*, *klagt*, plainte ; *dragt*, fardeau ; parce qu'on dit *klagen*, se plaindre ; *dragen*, porter, etc. Il ne faut cependant pas trop s'y attacher : car on la trouve souvent en opposition avec l'usage, qu'il faut toujours observer **comme étant la loi suprême** en matière de langue.

C'est l'usage qui veut qu'on écrive :

Thans,	au lieu de *thands,*	maintenant.
Doorgaens,	*doorgaends,*	ordinairement.
Volgens,	*volgends,*	selon.
Willens,	*willends,*	volontairement.
Wetens,	*wetends,*	sciemment.

Il veut aussi qu'on écrive, sans *s*, *eenigzins*, en quelque manière ; *eerstdaegs*, au premier jour, *oudtyds*, anciennement, *anderdeels*, d'autre part ; quoiqu'on l'emploie dans *eensdeels*, d'une part ; *geenszins*, nullement.

On change la lettre *n* en *l* dans les mots qui dérivent de *midden*, milieu ; on dit *middelbaer*, moyen ; *Middellandsche zee*, mer Méditerranée, *middelmaet*, milieu ; *middelweg*, chemin qui est au milieu ; au lieu de *middenbaer*, etc. On change encore le *g* en *k* dans les mots *afhankelyk*, dépendant ; *aenvankelyk*, d'abord ; *vergankelyk*, périssable ; *oorspronkelyk*, originaire ; *koninklyk*, royal, qui dérivent des mots *afhangen*, *aenvangen*, *gang*, *oorsprong*, *koning*. On écrit *antwoord*, réponse ; *mits*, pourvu que ; *voortaen*, dorénavant ; *voortbrengen*, produire, avec un *t*, tandis que ces mots exigeraient un *d*, si l'orthographe se réglait constamment sur l'étymologie.

L'usage veut encore qu'on écrive *dertien*, *veertien*, au lieu de *drytien*, treize ; *viertien*, quatorze ; de *dry*, trois ; et *vier*, quatre.

Bevorderen,	au lieu de *bevoorderen,*	avancer.
Verschil,	*verscheel,*	différence.
Onverschillig,	*onverschelig,*	indifférent.
Gebrekkig,	*gebrekig,*	défectueux.
Overtollig,	*overtallig,*	superflu.
Insgelyks,	*eensgelyks,*	également.
Weleer,	*wyleer,*	auparavant.
Lessenaer,	*lezenaer,*	pupitre.

Il est incontestable que l'*euphonie* a aussi une grande influence sur l'orthographe; c'est par elle qu'une lettre est souvent retranchée d'un mot, ou y est ajoutée ; ainsi on dit:

Meest, au lieu de *meerst*, le plus, la plupart.
Best,   *berst*,   le mieux.
Elders,   *ellers*,   ailleurs.
Minder,   *minner*,   moindre.
Hoenders,   *hoeners*,   poulets.
Boender,   *boener*,   brosse.
Tweederley,   *tweeërley*,   de deux sortes.
Zinnelyk,   *zinnenlyk*,   sensuel.
Zedeleer,   *zedenleer*,   morale.

Dans les mots qui ont après la lettre *r* la terminaison *er*, on intercale toujours la lettre *d*, comme : *hoorder*, auditeur; *zwaerder*, plus pesant; *duerder*, plus cher; etc. Mais il n'en est pas de même dans les mots où la terminaison *er* est précédée d'un *l* ou d'un *n*. L'*euphonie* ne permet pas alors d'y intercaler un *d* : ainsi on écrit *ydeler*, plus vain; *bediller*, chicaneur, critique; *schooner*, plus beau; *dunner*, plus mince; *kleyner*, plus petit. On ajoute un *t* dans les mots *mynenthalve*, quant à moi; *uwentwege*, de votre part; ainsi que dans les mots qui se terminent en *nis*, comme : *gebeurtenis*, événement ; *bekentenis*, aveu. La lettre *t* est employée dans ces mots pour appuyer et fortifier la prononciation qui, sans cela, serait tant soit peu languissante. C'est pour la même raison que l'*e* muet est placé an milieu de quelques mots, comme : *huwelyk*, mariage; *willekeurig*, arbitraire; etc.; ainsi que dans les mots qui se terminent en *ling*, *aer*, *ier*, et *nis*, comme : *vondeling*, enfant trouvé; *ambtenaer*, fonctionnaire; *hovenier*, jardinier; *gedachtenis*, souvenir; et ensuite dans les mots qui ont la terminaison en *lyk* et *loos*, comme : *vryelyk*, librement; *krachteloos*, sans force; etc.

Mais comme il y a des exceptions à cette dernière règle, nous la déterminerons plus exactement.

L'intercalation d'un *e* muet est exigée :

1°. Dans les mots où la lettre *l* est précédée d'un *b* ou d'un *p*, comme *hebbelyk*, habituel ; *hopeloos*, sans espoir.

2°. Dans les mots qui ont la lettre *d* ou *t* avant la lettre *l* comme : *vriendelyk*, aimable ; *hartelyk*, cordial ; *radeloos*, désespéré.

3°. Dans les mots qui ont un *f* avant la lettre *l*, comme *liefelyk*, charmant ; *straffeloos*, impuni. Il y a exception dans le mot *vergeeflyk*, pardonnable.

4°. Dans les mots qui ont la lettre *g* avant la lettre *l*, comme : *bedriegelyk*, trompeur ; *zorgeloos*, insouciant.

5°. Dans les mots où la terminaison *lyk* est précédée par les diphthongues, *aey*, *oey*, ou *uy*, comme : *fraeyelyk*, joliment ; *verfoeyelyk*, détestable ; *luyelyk*, paresseusement.

7°. Dans les mots où la lettre *l* est précédée de la lettre *m*, comme : *namelyk*, savoir ; *toomeloos*, sans bride.

8°. Dans les mots qui ont la lettre *n* avant la lettre *l*, comme : *minnelyk*, aimable ; *zinneloos*, insensé.

9°. Dans les mots où la terminaison *lyk* est précédée d'un *s*, comme : *wysselyk*, sagement ; *gewisselyk*, certainement. Sont exceptés cependant *geneeslyk*, curable ; *verkieslyk*, préférable.

1°. Dans les mots qui ont, avant la terminaison *lyk*, les lettres *sch*, comme : *menschelyk*, humain ; *vleeschelyk*, charnel.

11°. Dans les mots enfin qui ont la lettre *l* après le *w*, comme : *vrouwelyk*, féminin ; *trouweloos*, infidèle.

L'*e* muet n'est pas intercalé :

1°. Dans les mots qui ont la lettre *l* ou *r* avant la terminaison *lyk* ou *loos*, comme: *heylloos*, funeste; *snellyk*, promptement; *gevaerlyk*, dangereux; *kinderloos*, sans enfans.

2º. Dans les mots qui se terminent en *nis*, comme: *stoornis*, trouble; *deernis*, pitié.

3º. Dans les mots *leerling*, disciple; *huerling*, mercenaire, etc.

Des homonymes, ou mots qui ont la même prononciation, mais une signification différente.

On a souvent voulu introduire une règle, d'après laquelle des mots qui se prononcent de la même manière, mais dont la signification est tout-à-fait différente, doivent être distingués : ainsi on a écrit *waeren*, denrées, et *wy waren*, nous étions; *baeden*, se baigner; et *wy baden*, nous priâmes; *zucht*, désir; et *zugt*, soupir; etc. Mais cette distinction est impraticable dans la plupart des mots. Comment, par exemple, distinguera-t-on au moyen de l'orthographe, *arm*, bras, de *arm*, pauvre; *lokken*, boucles de cheveux; de *lokken*, appeler; et cent autres mots ? Aussi cette règle est entièrement arbitraire, parce qu'il n'y a aucune raison pour écrire certains mots plutôt de cette manière que d'une autre.

Cependant, il y a déjà plusieurs mots dont la différente orthographe est généralement reçue, et dont le sens est déterminé par cette différence seule. En voici quelques-uns; *nog*, encore; *noch*, ni; *geene*, point; *gene*, celui-là; *ligt*, léger; *licht*, lumière.

Des mots qui tirent leur origine d'une langue étrangère.

Il y a dans la langue flamande, sans doute, beaucoup de mots empruntés des langues étrangères qui ont déjà acquis par l'usage droit de bourgeoisie, et qui étant assimilés aux mots flamands dans leur forme et leur prononciation, sont par conséquent écrits conformément à l'orthographe des mots flamands. C'est à cette classe qu'appartiennent les mots *agent, apostel, artikel, barbier, bisschop, diaken, engel, glorie, kamer, kanael, kasteel, kerker, klooster, kroon, lanteern, leek, monik, paleys, paradys, persoon, pest, poezy, predikant, pruyk, regent, register, som, student, tafel, tempel, titel, wyn*, et beaucoup d'autres.

Quant aux mots *koor, kantoor, koleur, klasse, karakter, kanselier, nimf, punt, feniks, filosoof* (1), *profeet, schepter, sekse, secte, singel, triomf*, etc., l'opinion des grammairiens ne s'accorde pas aussi généralement, puisque quelques-uns prétendent qu'il faut écrire *choor, comptoir*, etc., en conservant les lettres de la langue d'où les mots sont empruntés. La première manière d'écrire est cependant préférable, d'abord, parce qu'elle est conforme à la prononciation commune; ensuite, parce que ces mots ont déjà perdu leur physionomie étrangère et sont, pour ainsi dire, déjà incorporés dans la langue flamande.

C'est à une autre classe de mots étrangers, adoptés par la langue flamande qu'appartiennent ceux dans lesquels l'usage a conservé quelque lettre étrangère, comme: *ceder, cel, cement, cyfer, cyns, cipier, cirkel, oceaen, cilinder, cymbael, citer, Christus, apotheker, advocaet, procureur, commissaris, collecteur, cachet, fiscael, genie, natie, secretaris, hofficier* (2) et plusieurs autres.

---

(1) Pour le mot *filosoof*, philosophe, il y a un autre mot flamand, *wysgeer*, qui mérite la préférence.

(2) Quoiqu'on puisse dire en pur flamand *krygsbevel-*

Des mots étrangers proprement dits, sont des mots bâtards, des barbarismes, ou des noms propres étrangers; si l'on veut s'en servir en dépit de l'élégance de la langue, il faut conserver l'orthographe qu'ils ont dans la langue de laquelle ils sont empruntés, et par conséquent on écrira *justitie*, *executie*, *beneficie*, *attestatie*, etc., et non pas, comme quelques uns ont prétendu, *justisie*, *eksekusie*, etc.

Quoique la langue flamande puisse remplacer la plupart des mots étrangers, que l'usage a introduits dans cette langue, par d'autres mots purement flamands et dont on doit même se servir dans le discours grave, il y en a cependant encore beaucoup dont on ne peut pas se passer, sans tomber dans de longues périphrases, ou sans courir risque de se rendre moins intelligible, comme: *acte*, *actie*, *cessie*, *recepis*, *vacantie* et beaucoup d'autres Il s'est aussi introduit dans la langue flamande une grande quantité de termes techniques qu'on ne traduit pas, surtout lorsqu'il s'agit de politique, de jurisprudence, de guerre, de physique, de la toilette des dames, etc.; on se rendrait même ridicule en les traduisant : ce purisme nuirait extrêmement à la clarté.

A l'égard des noms propres étrangers, la règle est que

hebber pour *officier*, on ne peut cependant pas se passer dans cette langue de la plupart des mots cités. On garde donc aussi généralement l'orthographe originale et différente de l'idiôme flamand, et l'on place, par exemple, la lettre *h* derrière la lettre *t*, dans le mot *apotheker*. On donne aux lettres *g*, dans *genie*, *ch* dans *cachet*, *t* dans *natie*, et autres mots semblables, la prononciation que ces lettres ont dans la langue d'où elles sont prises, et qui est entièrement différente de celle qu'exigerait la langue flamande.

l'on conserve, autant que possible, l'orthographe originale. Ainsi il faut écrire : *Cato, Cesar, Cicero, Codrus, Corinthe, Cupido, Cyrenius, Creta, Mattheus, Timotheus, Quintus, Rhodus, Alexander, Anaxagoras, Egypte, Judea, Phrygie, Phaëton, Phebus, Philippus.* Il y a cependant une exception pour les noms propres, écrits par les lettres *ph*, qui peuvent être considérés comme des mots indigènes, et dont la terminaison fait voir qu'ils ne sont pas d'origine étrangère, comme *Josef, Filip* ou *Flip*. Il en est de même des noms propres de *Jacobus, Cornelius, Catharina,* etc., lesquels, étant employés comme des mots flamands, doivent être écrits avec un *k* : *Jakob, Kornelius, Katarina,* etc. Dans quelques mots on change la lettre *s* en *z*, parce que la prononciation semble exiger cette dernière lettre qui a un son plus doux, comme : *Aziën, Mozes, Jeruzalem, Jezus* et autres : on en excepte cependant les noms propres romains, comme : *Cesar, Cesarea,* etc., parce que la lettre *z* est étrangère à la langue latine.

Des Parties du Discours.

Il y a dix espèces de mots dans la langue flamande qu'on appelle les *parties du discours*, savoir : le *nom*, l'*article*, l'*adjectif*, le *pronom*, le *verbe*, le *nombre*, l'*adverbe*, la *préposition*, la *conjonction*, et l'*interjection*.

DU NOM.

Chaque objet connu dans la nature, soit substantiel, soit spirituel, a un nom qui lui est propre et spécial ; ce nom s'appelle nom substantif, parce qu'il désigne une substance, comme : *man*, homme ; *huys*, maison ; *stoel*, chaise ; etc. L'objet qui n'existe que spirituellement ou comme abstraction, n'en est pas moins un nom substantif, comme ; *deugd*, vertu ; *schoonheyd*, beauté ; *vreedheyd*, cruauté.

Les noms substantifs sont *propres* ou *communs*. Des noms propres sont, par exemple : *Belgenland*, la Belgique ; *Parys*, Paris ; *Leopoldus*, Léopold ; *Ludovika*, Louise ; *Adam*, Adam, etc. Par les noms communs nous entendons les noms par lesquels plusieurs choses de la même espèce sont désignées, comme : *mensch*, homme ; *man*, mari ; *vrouw*, femme ; *visch*, poisson ; *stad*, ville ; *water*, eau ; *volk*, peuple ; etc.

Parmi les noms substantifs, il y a en Flamand des diminutifs, ou mots par lesquels un objet est désigné en petit. On les reconnaît à la terminaison, qui est *je*, *tje* et *pje*, comme : *huysje*, maisonnette, de *huys*, maison ; *koetje*, petite vache, de *koey*, vache ; *bloempje*, petite fleur, de *bloem*, fleur. Pour *je*, on emploie aussi *jen*, *ken*, ou *sken*, comme : *draedjen*, petit fil, de *draed*, fil ; *wyfken*, petite femme, de *wyf*, femme ; *boeksken*, petit livre, de *boek*, livre, etc.

Du nombre, ou du singulier et du pluriel des noms substantifs.

Il y a deux nombres, le *singulier* et le *pluriel*. On se sert du singulier, quand on parle d'une seule personne ou d'une seule chose, et du pluriel, quand on parle de plusieurs personnes ou de plusieurs choses, comme : *een man*, un homme, *mannen*, des hommes ; *eene tafel*, une table, *tafels*, des tables.

Il y a dans la langue flamande plusieurs substantifs dont on ne se sert qu'au singulier, comme : *roof*, rapine ; *stof*, poussière ; *vee*, bétail ; etc. ; ainsi que ceux qui désignent une matière, comme : *aerde*, terre ; *vet*, graisse ; *yzer*, fer ; *goud*, or ; *blik* ou *blek*, fer-blanc ; *koorn*, blé ; *zand*, sable ; *meel*, farine ; etc. Lorsqu'on se sert de ces mots au pluriel, ils changent tout-à-fait de signification : ainsi quand on dit *aerden*, le pluriel de *aerde*, terre, on n'entend pas parler de plusieurs terres, mais de différentes espèces de terre. Exemple : *men heeft in Frankryk verscheyden soorten van aerden*, il y a en France plusieurs sortes de terres.

C'est aussi à cette classe qu'appartiennent les mots qui commencent par la syllabe *ge* et qui sont dérivés des verbes, comme, *gehuyl*, lamentation, de *huylen*, se lamenter ; *gezucht*, soupir, de *zuchten*, soupirer ; *geschreeuw*, cri, de *sehreeuwen*, crier, etc. ; ainsi que les noms des vertus, des vices et des passions : *argwaen*, soupçon ; *hulde*, hommage ; *overspel*, adultère ; *lof*, louange ; *vrees*, crainte ; *hoop*, espoir, etc. ; ceux qui attribuent à une chose certaine qualité, par exemple : *zwaerte*, pesanteur ; *koude*, froid ; *rust*, repos ; *moeyte*, peine ; et enfin l'infinitif des verbes, considéré comme nom substantif, en y préposant l'article *het*, le ; comme : *het zitten*, l'action de s'asseoir ; *het gaen*, l'action de marcher ou la marche ; *het schreeuwen*, l'action de crier, ou le cri ; ainsi que le neutre des adjectifs, considéré également comme nom substantif, en y préposant le même article *het*, le ; comme : *het schoone*, le beau ; *het goede*, le bon.

Il y a d'autres noms substantifs, dont le pluriel seulement est usité, comme : *inkomsten*, revenus ; *onkosten*, frais ; *ouderen*, parens ; *Alpen*, Alpes ; *hersens*, cerveaux ; *lieden*, gens ; *gebroeders*, frères ; etc.

Le pluriel se forme ordinairement en ajoutant *s*, *n* ou *en* au singulier.

EXEMPLES :

Singulier.		Pluriel.	
Vader,	père ;	*Vaders*,	pères.
Tafel,	table ;	*Tafels*,	tables.

Singulier.		Pluriel.	
Knikker,	chique;	*Knikkers*	chiques.
Hoogte,	hauteur;	*Hoogten*,	hauteurs.
Gemeente,	commune;	*Gemeenten*,	communes.
Gedeelte,	partie;	*Gedeelten*	parties.
Hoofd,	tête;	*Hoofden*,	têtes.
Kerk,	église;	*Kerken*,	églises.
Slang,	serpent;	*Slangen*,	serpens.

J'ai dit *ordinairement*, parce qu'il y a des exceptions à cette régle générale, comme :

Singulier.		Pluriel.	
Lid,	membre;	*Leden*,	membres.
Schip,	vaisseau;	*Schepen*,	vaisseaux.
Stad,	ville;	*Steden*,	villes.
Smid,	maréchal;	*Smeden*,	maréchaux.
Split,	fente;	*Spleten*,	fentes.
Spit,	broche;	*Speten*,	broches.

Tous ces pluriels sont formés des mots anciens et inusités, *led; schep, sted, smed, splet, spet*, etc.

Tous les substantifs qui se terminent en *heyd*, font, au pluriel, *heden*.

EXEMPLES :

Singulier.		Pluriel.	
Kleynigheyd,	bagatelle;	*Kleynigheden*,	bagatelles.
Zotheyd,	folie;	*Zotheden*,	folies.
Waerheyd,	vérité;	*Waerheden*,	vérités.

Il y a d'autres noms substantifs qui ont le pluriel en *ers*
et *eren.*

EXEMPLES :

Singulier.		Pluriel.		
Kind,	enfant;	*Kinders,*	kinderen,	enfans.
Kalf,	veau;	*Kalvers,*	kalveren,	veaux.
Blad,	feuille;	*Bladers,*	bladeren,	feuilles.

Il en est aussi qui doublent la consonne et prennent *en*

EXEMPLES :

Singulier.		Pluriel.	
Bron,	fontaine;	*Bronnen,*	fontaines.
Klip,	écueil;	*Klippen,*	écueils.
Strik,	nœud;	*Strikken,*	nœuds.

Du genre des noms substantifs.

Les noms substantifs flamands ont trois genres, le *masculin*, le *féminin*, et le *neutre*. Cette distinction de genre a été observée de tout temps dans la langue flamande. Il y a cependant des mots qui, par l'effet du temps, ont subi quelque changement à cet égard, tandis que d'autres ont conservé les trois genres, par exemple, les noms *tyd*, temps, et *dood*, mort, sont du genre masculin et féminin; *oorlog*, guerre, et *boek*, livre, sont du genre masculin et neutre.

Pour connaître le genre des noms substantifs, il est utile de graver dans sa mémoire les règles suivantes:

Noms substantifs du genre masculin.

1°. Tous les noms propres d'hommes, comme: *Jakob*, Jacques; *Pieter*, Pierre; *Hyacinthus*, Hyacinthe; etc.

2°. Tous les noms de qualités masculines et d'états masculins, comme: *heer*, seigneur; *koopman*, marchand; *soldaet*, soldat; *knecht*, valet; etc.

3°. Tous les noms qui se terminent en *aer* et en *er*; et qui dérivent des verbes, lorsqu'ils transfèrent l'action à une personne masculine, par exemple: *makelaer*, courtier, de *makelen*, faire le métier de courtier; *wandelaer*, promeneur, de *wandelen*, se promener; *kuyper*, tonnelier, de *kuypen*, faire le métier de tonnelier; *verwer*, teinturier, de *verwen*, teindre; *maeyer*, faucheur, de *maeyen*, faucher; ou ceux qui transportent l'action d'un verbe à la machine ou à l'outil avec lequel on agit, par exemple: *snuyter*, mouchettes, de *snuyten*, moucher; *stamper*, pilon, de *stampen*, piler; ou ceux qui sont dérivés d'un autre nom subtantif, tels que: *zondaer*, pécheur, de *zonde*, péché; *schuldenaer*, débiteur, de *schulden*, dettes.

4°. Tous les noms qui se terminent en *ier*, comme: *hovenier*, jardinier; *herbergier*, aubergiste. Cependant la personne désignée détermine le genre plus que la terminaison, comme on le voit par le nom *kamenier*, femme de chambre, nom nécessairement féminin.

5°. Les noms qui, quoiqu'ils aient un autre genre, doivent être considérés comme des noms d'hommes; tels que: *ondeugd*, méchant homme; *booswickt*, monstre; etc.: remarquez que le mot *ondeugd* signifie, dans un autre sens, vice, et que, pris dans cette signification, il est du genre féminin; *wicht*, enfant, est du genre neutre, *het wicht*.

6°. Les noms de pierres précieuses, quand ils signifient une pierre particulière, comme: *een agaet*, une agate; *een diamant*, un diamant.

7°. Les mots qui se terminent en *dom*, et qui marquent une situation, un état ou une puissance comme: *adeldom*, noblesse ; *rykdom*, richesse, etc. Il y a cependant des exceptions, dont nous parlerons tantôt.

8°. Les mots qui se terminent en *em*, *sem*, *lm*, *rm*, sont aussi ordinairement du genre masculin, comme *adem*, haleine ; *balsem*, baume ; *halm*, brin ; *arm*, bras.

Noms substantifs du genre féminin.

1°. Les noms propres de femme, comme : *Louisa*, Louise ; *Maria*, Marie ; *Euphrosyna*, Euphrosyne ; *Klementina*, Clémentine.

2°. Les noms de qualités féminines et d'états féminins, comme : *zuster*, sœur ; *dienstmaegd*, servante ; et ceux qui se terminent en *in*, *es* ou *ster*, comme : *vorstin*, princesse, *zondares*, pécheresse ; *zangster*, cantatrice. Il y a exception à cette règle générale dans le nom *wyf*, *het wyf*, la femme ; et *het meysje*, la fille, qui sont du genre neutre.

3°. Les noms qui se terminent en *schap*, qui dérivent de noms adjectifs, et qui désignent une qualité, comme : *gramschap*, colère ; ou qui sont dérivés de noms substantifs et qui marquent une collection de personnes assemblées en un corps, comme : *de priesterschap*, le clergé, etc. On parlera ci dessous des exceptions des mots qui se terminent en *schap*, et qui sont du genre neutre.

4°. Les noms qui se terminent en *ing*, dérivent d'un verbe, et en expriment l'action, comme : *vermaning*, exhortations, de *vermanen*, exhorter ; *berisping*, reproche, *de berispen*, reprocher. Les noms qui ne dérivent pas de quelque verbe, comme : *kring*, cercle, etc., et les mots qui se terminent en *ling*, comme : *vreemdeling*, étranger, font une classe à part.

5°. Les mots qui se terminent en *y*, et qui marquent un

état, une fonction ou une action, comme : *abdy*, abbaye ; *dievery*, filouterie; *maetschappy*, société, etc.

6°. Les mots qui se terminent en *nis*, comme : *belydenis*, confession ; *begrafenis*, enterrement. Exceptez-en le seul nom substantif *vonnis*, jugement, qui est neutre.

7°. Les noms qui se terminent en *heyd*, et en *te*, comme, *wysheyd*, sagesse ; *dwaesheyd*, folie ; *hoogte*, hauteur ; *moeyte*, peine ; *begeerte*, désir ; *gedachte*, pensée ; etc.

8°. Les lettres de l'alphabet et les chiffres : *eene groote a*, un grand *a* ; *eene kleyne b*, un petit *b* ; *de zes*, le six, *de twintig*, le vingt, etc. Mais en rassemblant les chiffres, ils sont neutres : *het honderd*, la centaine ; *het duyzend*, le millier ; etc.

Noms substantifs du genre neutre.

1°. Tous les noms de pays, de villes, de villages et d'endroits ; *het koopryke Antwerpen*, la commerçante *Anvers*. Il y a exception pour tous ceux qui commencent par un article, sans qu'il y soit joint un adjectif; ils sont de différens genres, ce qui est déterminé par l'article ; par exemple : *de Betuw*, la Bétuw, féminin, *het Gooy*, le Gooy, neutre, etc.

2°. Les noms qui indiquent une universalité de matière ou de métal, par exemple: *het graen*, le blé ; *het koper*, le cuivre ; *het goud*, l'or ; etc.

3°. Les noms qui commencent par *ge* et qui dérivent de verbes, comme, *gejammer*, lamentation, de *jammeren*, se lamenter ; *geraes*, bruit, de *razen*, faire du bruit ; *gebied*, commandement, de *gebieden*, commander, etc. ; ou qui commencent par d'autres prépositions, comme : *beslag*, saisie ; *ontslag*, congé ; *verslag*, rapport ; *toeval*, cas fortuit ; *verval*, dépérissement ; *voorval*, événement.

4°. Les noms qui commencent par *ge*, et qui finissent par *te*, étant dérivés des noms substantifs originaux, comme : *gebergte*, de *berg*, montagne ; *gebloemte*, de *bloem*, fleur ; *gevogelte*, volaille, de *vogel*, oiseau ; etc.

5°. Tous les diminutifs, comme : *mannetje*, petit homme, de *man*, homme ; *jongsken*, petit garçon, de *jongen*, garçon.

6°. Tous les noms qui se terminent en *sel*, comme : *schepsel*, créature ; *baksel*, cuisson ; *blanketsel*, fard ; etc.

7°. Tous les noms qui se terminent en *schap*, et qui indiquent un emploi ou une qualité, comme : *het priesterschap*, la prêtrise, le sacerdoce ; *het burgemeesterschap*, la dignité de bourgmestre, le consulat, etc. (Voyez page 29.)

8°. Tous les noms qui se terminent en *dom*, lorsqu'ils désignent une société de personnes, comme : *het christendom*, la chrétienté. (Voyez page 28.)

Des cas, ou déclinaison des noms substantifs.

Dans la langue flamande, il y a six cas, le *nominatif*, le *génitif*, le *datif*, l'*accusatif*, le *vocatif* et l'*ablatif*. On distingue aussi ces cas par *premier*, *second*, etc.

Exemples de déclinaisons de noms substantifs.

AVEC L'ARTICLE DÉFINI.

SINGULIER.

Masculin.	Féminin.	Neutre.
Nom. *Den leeuw*, le lion.	*De vrouw*, la femme.	*Het veld*, le champ.

	MASCULIN.	FÉMININ.	NEUTRE.
Gén.	*Des leeuws*, ou *van den leeuw*, du lion.	*Der vrouw*, ou *van de vrouw*, de la femme.	*Des velde*, ou *van het veld*, du champ.
Dat.	*Den leeuw*, ou *aen den leeuw.* au lion.	*Der vrouw*, ou *aen de vrouw.* à la femme.	*Den velde*, ou *aen het veld*, au champ.
Acc.	*Den leeuw*, le lion.	*De vrouw*, la femme.	*Het veld*, le champ.
Voc.	*ó leeuw*, ô lion.	*ó vrouw*, ô femme.	*ó veld*, ô champ.
Abl.	*Van den leeuw*, du lion.	*Van de vrouw*, de la femme.	*Van het veld*, du champ.

PLURIEL.

	MASCULIN.	FÉMININ.	NEUTRE.
Nom.	*De leeuwen*, les lions.	*De vrouwen*, les femmes.	*De velden*, les champs.
Gén.	*Der leeuwen*, ou *van de leeuwen*, des lions.	*Der vrouwen*, ou *van de vrouwen*, des femmes.	*Der velden*, ou *van de velden*, des champs.
Dat.	*Den leeuwen*, ou *aen de leeuwen*, aux lions.	*Der vrouwen*, ou *aen de vrouwen*, aux femmes.	*Den velden*, ou *aen de velden*, aux champs.
Acc.	*De leeuwen*, les lions.	*De vrouwen*, les femmes.	*De velden*, les champs.
Voc.	*ó leeuwen*, ô lions.	*ó vrouwen*, ô femmes.	*ó velden*, ô champs.

MASCULIN.	FÉMININ.	NEUTRE.
Abl. *Van de leeuwen,*	*Van de vrouwen,*	*Van de velden,*
des lions.	des femmes.	des champs.

Article indéfini.

SINGULIER.

MASCULIN.	FÉMININ.	NEUTRE.
Nom. *Een leeuw,*	*Eene vrouw,*	*Een veld,*
un lion.	une femme.	un champ.
Gén. *Eens leeuws,* ou	*Eener vrouw,* ou	*Eens,* ou
van eenen leeuw,	*van eene vrouw,*	*van een veld,*
d'un lion.	d'une femme.	d'un champ.
Dat. *Eenen leeuw,* ou	*Eener vrouw,* ou	*Eenen velde,* ou
aen eenen leeuw,	*aen eene vrouw,*	*aen een veld,*
à un lion.	à une femme.	à un champ.
Acc. *Eenen leeuw,*	*Eene vrouw,*	*Een veld,*
un lion.	une femme.	un champ.
Abl. *Van eenen leeuw,*	*Van eene vrouw,*	*Van een veld,*
d'un lion.	d'une femme.	d'un champ.

PLURIEL.

MASCULIN.	FÉMININ.	NEUTRE.
Nom. *Verscheyde*	*Verscheyde*	*Verscheyde*
leeuwen,	*vrouwen,*	*velden,*
plusieurs lions.	plusieurs femmes.	plusieurs, champs.

Masculin.	Féminin.	Neutre.
Gén. *Van verscheyde leeuwen*,	*van verscheyde vrouwen*,	*van verscheyde velden*,
de plusieurs lions.	de plusieurs femmes.	de plusieurs champs.
Dat. *Aen verscheyde leeuwen*,	*Aen verscheyde vrouwen*,	*Aen verscheyde velden*,
à plusieurs lions.	à plusieurs femmes.	à plusieurs champs.
Acc. *Verscheyde leeuwen*,	*verscheyde vrouwen*,	*verscheyde velden*,
plusieurs lions.	plusieurs femmes.	plusieurs champs.
Abl. *Van verscheyde leeuwen*,	*van verscheyde vrouwen*,	*van verscheyde velden*,
de plusieurs lions.	de plusieurs femmes.	de plusieurs champs.

Déclinaisons des noms propres.

N.	*Leopoldus*, Léopold.	*Louisa*, Louise.	*Brussel*, Bruxelles.
G.	*Van Leopoldus*, de Léopold,	*van Louisa*, de Louise,	*van Brussel*, de Bruxelles,
D.	*Aan Leopoldus*, à Léopold,	*aen Louisa*, à Louise,	*aen Brussel*, à Bruxelles,
A.	*Leopoldus*, Léopold,	*Louisa*, Louise,	*Brussel*, Bruxelles,
V.	*ó Leopoldus*, ô Léopold,	*ó Louisa*, ô Louise,	*ó Brussel*, ô Bruxelles,
Ab.	*Van Leopoldus*, de Léopold.	*van Louisa*, de Louise.	*van Brussel*, de Bruxelles.

Article partitif.

MASCULIN. SINGULIER.	FÉMININ. SINGULIER.	NEUTRE. SINGULIER.
N. *Wyn*, du vin.	*Bier*, de la bière.	*Water*, de l'eau.
G. *Wyns*, ou *van wyn*, de vin.	*Biers*, ou *van bier*, de bière.	*Waters*, ou *van water*, d'eau.
D. *Aen wyn*, à du vin.	*Aen bier*, à de la bière.	*Aen water*, à de l'eau.
A. *Wyn*, du vin.	*Bier*, de la bière.	*Water*, de l'eau.
Ab. *Van wyn*, de vin.	*Van bier*, de bière.	*Van water* d'eau.

MASCULIN. PLURIEL.	FÉMININ. PLURIEL.	NEUTRE. PLURIEL.
N. *Wynen*, des vins.	*Bieren*, des bières.	*Waters*, des eaux.
G. *Van wynen*, de vins.	*Van bieren*, de bières.	*Van waters*, d'eaux.
D. *Aen wynen*, à des vins.	*Aen bieren*, à des bières.	*Aen waters*, à des eaux.
A. *Wynen*, des vins,	*Bieren*, des bières	*Waters*, des eaux.
Ab. *Van wynen*, de vins.	*Van bieren*, de bières.	*Van waters*, d'eaux.

Observations sur les cas.

Le *nominatif* existe quand une personne ou une chose est représentée comme active, passive ou existante, par exemple : *Het kind leert*, l'enfant apprend ; *den hond wordt geslagen*, le chien est battu ; *de waerheyd is kenbaer*, la vérité est connue, etc. Le *génitif* désigne les rapports des noms substantifs ; par exemple : *Gods geboden*, les commandemens de Dieu ; *den heer des huyzes*, le maître de la maison ; *de zeden der eeuw*, les mœurs du siècle ; *eene menigte volks*, une foule de personnes ; *een duym gronds*, un pouce de terrain ; *den besten der menschen*, le meilleur des hommes. Il paraît que la lettre *s* a été le signe caractéristique du génitif, et que l'on s'en est servi même dans les noms substantifs féminins. Ainsi l'on dit : *moeders zuster*, au lieu de *zuster der moeder* ou *van de moeder*, la sœur de la mère ; *de stads poorten*, au lieu de *de poorten der stad*, ou *van de stad*, les portes de la ville. On se sert souvent de la préposition *van* pour exprimer le génitif, par exemple : *een man van geringe afkomst*, un homme de basse origine ; *een ring van goud*, une bague d'or ; *een kind van twee jaren*, un enfant de deux ans. On emploie le *datif*, quand une chose est donnée, envoyée ou prise à quelqu'un ; ou quand on peut se servir des prépositions *aen*, à ; ou *voor*, pour ; par exemple : *geef hem zyn geld*, donnez-lui son argent ; *zend hem dat boek*, envoyez-lui ce livre ; *ontneem hem zyn mes*, prenez-lui son couteau ; *dit is hem schadelyk*, cela lui est nuisible. L'*accusatif* est employé quand une action est exercée sur un objet, par exemple : *den vader slaet den zoon*, le père bat le fils ; *het meysje bemint den jongeling*, la fille aime le jeune homme : l'accusatif est aussi régi par des prépositions, par exemple : *naer huys gaen*, aller à la maison ; *in den tuyn komen*, venir au jardin ; *op eenen boom zitten*, être assis sur un arbre ; etc. Voyez ci-après à l'article *des prépositions*.

Dans le style noble, et afin de rendre la phrase plus harmonieuse, on place souvent l'*e* muet après le génitif des noms substantifs féminins, par exemple : *de schoonheyd dezer vrouwe*, la beauté de cette femme ; ainsi qu'après le datif, dans tous les genres, par exemple : *Gode*, à Dieu ; *zyner zorge toevertrouwd*, confié à ses soins ; *den volgenden geslachte*, à la génération suivante.

DES ARTICLES.

Les articles servent à rendre la signification des noms substantifs commune ou déterminée, et en font connaître le genre. Il y en a trois dans la langue flamande, l'article défini *den*, qui détermine le substantif qui le suit, l'article indéfini, qui ne le détermine point d'une manière particulière. Par exemple, quand on dit : *geef my eenen stoel*, donnez-moi une chaise, on ne détermine pas la chaise, et il paraît alors indifférent laquelle on donne ; mais quand on dit : *geef my den stoel, die*, etc., donnez-moi la chaise, qui, etc., on désigne la chaise qu'on désire particulièrement, et l'art. partitif. Ainsi il y a quatre différentes significations dans les exemples suivans : *een zoon eens konings*, un fils d'un roi, *een zoon des konings*, un fils du roi ; *den zoon eens konings*, le fils d'un roi ; *den zoon des konings*, le fils du roi.

La déclinaison de ces articles se fait de la manière indiquée à la page 31 ; etc.

L'article partitif est au singulier, comme nous avons vu page 35, *du, de la, de l'* et au pluriel *des*, lesquels ne s'expriment pas en Flamand : *du pain, de la viande, de l'eau*, se disent simplement, *brood, vleesch, water*. On appelle cet article partitif parce qu'il n'exprime qu'une partie indéterminée ; lorsque l'on dit, donnez-moi du pain, on n'a pas en vue tout le pain, mais seulement une partie indéterminée : *du pain, de l'eau* et *du feu* sont des choses nécessaires, *brood, water en vuer zyn noodige dingen.* La particule *de* ou *d'* ne s'exprime pas non plus en Flamand dans les phrases suivantes : *une livre de beurre, een pond boter;* une paire de boucles, *een paer gespen;* une douzaine de serviettes, *een dozyn servetten;* un verre d'eau, *een glas water;* un grand nombre d'amis, *een groot aental vrienden;* une somme d'argent, *eene som gelds;* un morceau de mouton, *een stuk schapen vleesch;* une cuiller d'argent, *een zilveren lepel;* une assiette d'étain, *eene tinnen telloor;* un chapeau de paille, *een strooyhoed;* un couvercle de bois, *een houten deksel;* un pot de terre, *een aerden pot;* une clef d'or. *een gouden sleutel,* une fourchette d'acier; *eene stalen vork;* beaucoup de chevaux, *vele peerden;* peu d'esprit, *weynig verstands;* quantité de livres, *eene menigte boeken* : une tasse de thé, *een kopje thee;* une botte de plumes, *een bundel pennen;* une aune de drap, *eene el laken;* du vin de France, *franschen wyn;* du beurre de Belgique; *belgische boter.*

DES ADJECTIFS.

Les adjectifs, auxquels appartiennent aussi les participes des verbes, sont des mots qui marquent la qualité des personnes ou des choses auxquelles ils sont ajoutés, comme, *groot,* grand; *kleyn,* petit, *dapper,* courageux, etc.; ainsi quand on dit, *den dapperen krygsman,* le soldat courageux; *dapper,* courageux, est l'adjectif qui fait connaître la qualité du soldat.

Les adjectifs flamands sont ou originaux ; comme : *groot*, grand ; *kleyn*, petit ; *breed*, large ; *lang*, long ; *kort*, court ; *goed*, bon ; *kwaed*, mauvais ; etc. ou dérivés, comme : *eerlyk*, honnête, dérivé du nom substantif *eer*, honneur ; *goddelyk*, divin, de *God*, Dieu ; *zorgeloos*, insouciant, de *zorg*, souci ; etc.

Les principales terminaisons des adjectifs dérivés sont en *baer*, *ig*, *lyk*, *loos*, *zaem*, *achtig*, *haftig*, comme : *vruchtbaer*, fertile ; *handig*, adroit ; *goddelyk*, divin ; *moedeloos*, découragé ; *deugdzaem*, vertueux ; *witachtig*, blanchâtre ; *heldhaftig*, valeureux, etc. Il y en a d'autres qui se terminent en *sch*, *den*, *sten*, *ley* et *hande*, comme : *aerdsch*, terrestre ; *den tweeden*, le second ; *den duyzendsten*, le millième ; *eenerley*, du même genre ; *velerhande*, de différentes sortes ; etc.

Il faut encore remarquer que les adjectifs tiennent souvent lieu de substantifs, comme : *den wyzen*, le sage ; *den geleerden*, le savant ; *het goede*, le bien ; *het kwade*, le mal ; etc.

Les adjectifs s'accordent toujours en genre, nombre et cas, avec les substantifs auxquels ils appartiennent, et se mettent ordinairement avant le substantif, comme on le verra dans les exemples de déclinaison que nous allons donner. Il en est cependant qui ne changent pas leur terminaison, quel que soit le genre ou le cas. A cette classe appartiennent 1°. les adjectifs qui se terminent en *ley* et *hande*, comme : *allerley menschen*, des hommes de toute espèce ; *velerhande geld*, de l'argent de différente espèce ; etc. 2°. tous les adjectifs exprimant des objets matériels, comme : *gouden vaten*, des vaisseaux d'or ; *houten tafels*, des tables de bois ; *marmeren schoorsteen*, cheminée de marbre ; etc. 3°. les adjectifs dérivés d'un pays ou d'une ville et qui se terminent en *er*, comme : *Straetsburger snuyf*, du tabac en poudre de Strasbourg ; *Antwerpenaer schippers*, des bateliers d'Anvers. etc. Dans les adjectifs dérivés des nombres, la dernière partie seule peut être déclinée. Par exemple : *Den een en dertigsten*, le trente-unième, *in den honderd dry en veertigsten psalm*, dans le psaume cent quarante-trois, etc.

Les adjectifs prennent à la fin *en* pour le masculin, et *e* pour le féminin, comme : *grooten dienst*, grand service, *dien wyzen man*, cet homme sage ; *myne lieve dochter*, ma chère fille ; *zie daer, waerden broeder*, voilà, mon cher frère, etc.; ils en prennent un également au neutre, comme : *het goede kind*, le bon enfant ; *het sterke peerd*, le cheval vigoureux, etc. ; mais on dit, sans *e* : *wit zand*, du sable blanc ; *een hoog huys*, une haute maison ; *zeker schoon dier*, certain bel animal ; etc. C'est l'euphonie principalement qui décide, dans plusieurs cas, si la lettre *e* doit être ajoutée ou non ; par exemple, on dit *eene hoogere verordening*, une plus haute destinée, avec l'*e* à la fin du comparatif, et au contraire : *eene verhevener verordening*, une destinée plus sublime, sans *e*.

Les noms substantifs personnels du genre masculin qui désignent un fonctionnaire public, un administrateur ou un serviteur, et qui se terminent en *er, aer, ier* ou *ling*, comme : *arbeyder*, journalier ; *leeraer*, instituteur ; *hovenier*, jardinier, *hoveling*, courtisan ; ainsi que les mots *koning*, roi ; *prins, vorst*, prince ; *admirael*, amiral ; *overste*, chef ; *heer*, seigneur ; *meester*, maître ; *knecht*, valet ; *onderdaen*, sujet ; *vriend*, ami ; *vyand*, ennemi ; *huysvader*, père de famille ; *man*, homme, exigent que leurs adjectifs, lorsqu'ils se rapportent à leur action et non à leurs personnes, soient écrits sans *e* à la fin, comme : *een groot krygsman*, un grand guerrier ; *zeker goed koning*, certain bon roi ; c'est-à-dire, qui est grand comme soldat, et bon comme roi. On dit, au contraire : *een grooten krygsman*, un grand soldat, pour exprimer un soldat qui est d'une grande taille.

Les adjectifs sont indéclinables, quand ils sont placés derrière leurs substantifs, ou quand ils en sont séparés par le verbe *zyn* ou *worden*, être, par exemple: *dit peerd is sterk*, ce cheval est fort; et au pluriel, *deze peerden zyn sterk*, non pas *sterke*, ces chevaux sont forts. Lorsqu'on dit: *die peerden loopen sterk*, ces chevaux courent fort, le mot *sterk* n'est pas un adjectif, mais un adverbe.

Du Comparatif et Superlatif.

Le comparatif se forme en flamand en ajoutant *er*, et le superlatif en ajoutant *st* au positif. Exemple: *hoog, hooger, hoogst*, haut, plus haut, le plus haut; *kort, korter, korst*, court, plus court, le plus court. Il en est de même des participes, par exemple: *drukkend, drukkender, drukkendst*, pressant, plus pressant, le plus pressant, *gedrukt, gedrukter, gedruktst*, pressé, plus pressé, le plus pressé. Il y en a quelques-uns qui ne souffrent point cette formation; comme: *beminnend*, aimant; *hatend*, haïssant; il y en a d'autres qui demandent les adverbes *meer*, plus; et *meest*, le plus, pour former le comparatif et le superlatif, comme: *doordrongen, meer doordrongen, meest doordrongen*, pénétré, plus pénétré, le plus pénétré; etc. Pour exprimer le superlatif, on se sert aussi souvent du mot *aller*, par exemple: *voortreffelyk*, excellent, *allervoortreffelykst*, le plus excellent; etc.

Dans les mots composés, on n'ajoute les lettres *er* du comparatif, et les lettres *st* du superlatif, qu'au dernier mot; par exemple, on dit: *welluydender*, plus harmonieux, et non pas *beterluydend*; *goedhertiger*, plus cordial, et non pas *beterhertig*.

Il faut encore observer que l'euphonie défend quelquefois la déclinaison du comparatif; par exemple, on ne dit pas:

ik heb nooyt eenen hatelyleren man gezien, je n'ai jamais vu d'homme plus odieux, mais il faut dire, *ik heb nooyt een hatelyker man gezien.*

Il y a dans la langue flamande comme dans toute autre langue, des comparatifs et des superlatifs irréguliers. Exemples: *goed*, bon; *beter*, meilleur, *best*, le meilleur; *veel*, beaucoup; *meer*, plus; *meest*, le plus; *weynig*, peu; *minder*, moins; *minst*, le moins. On dit cependant aussi: *weyniger*, *weynigst*. Le superlatif est seul en usage dans les mots suivans: *uyterst*, extrême; *achterst*, postérieur; *benedenst*, inférieur; *bovenst*, supérieur; *onderts*, inférieur.

Exemples de déclinaison d'adjectifs.

SINGULIER.

MASCULIN.	FÉMININ.	NEUTRE.
Le bon père	La bonne mère	Le bon enfant
N. *den goeden vader,*	*de goede moeder,*	*het goede kind,*
G. *des goeden vaders,*	*der goede moeder,*	*des goeden kinds,*
D. *den goeden vader,*	*der goede moeder,*	*den goeden kinde,*
A. *den goeden vader.*	*de goede moeder.*	*het goede kind.*

PLURIEL.

Les bons pères.	Les bonnes mères.	Les bons enfans.
N. *de goede vaders,*	*de goede moeders,*	*de goede kinderen,*
G. *der goede vaders,*	*der goede moeders,*	*der goede kinderen,*
D. *den goeden vaders,*	*der goede moeders,*	*den goeden kinderen,*
A. *de goede vaders.*	*de goede moeders,*	*de goede kinderen.*

REMARQUE. En comparant ces déclinaisons avec les précédentes, on voit que l'adjectif prend la terminaison *en* dans tous les cas au masculin sing., au génit. et dat. neutre sing.; au dat. m. plu. ainsi qu'au dat. n. plu; et *e* dans tous les cas fém. tant au sing. qu'au plu. de même qu'au reste des cas n. sing, et m. et n. plu.

On décline de même les adjectifs qui modifient les noms accompagnés d'articles démonstratifs :

N. *dezen goeden vader, deze goede moeder, dit goede kind, dien goeden vader, die goede moeder, dat goede kind, etc.*

Les adjectis qui accompagnent les noms employés sans article, se déclinent de la manière suivante :

SINGULIER.

MASCULIN.	FÉMININ.	NEUTRE.
De bon vin,	De bonne laine,	De bonne eau,
N. *goeden wyn,*	*goede wol,*	*goed water,*
G. *van goeden wyn,*	*van goede wol,*	*van goed water,*
D. *aen goeden wyn,*	*aen goede wol,*	*aen goed water,*
A. *goeden wyn.*	*goede wol.*	*goed water.*

PLURIEL.

De bons compas,	De bonnes plumes,	De bons livres,
N. et A. *goede passers,*	*goede pennen,*	*goede boeken,*
G. *van goede passers,*	*van goede pennen,*	*van goede boeken,*
D. *aen goede passers.*	*aen goede pennen.*	*aen goede boeken.*

Les adjectifs pris substantivement, peuvent se rapporter à des personnes ou à des choses ; dans le premier cas, on emploie le masculin ou le féminin, comme *den Almagtigen*, le Tout-Puissant, *den geleerden*, le savant, *de schoone*, la belle ; dans le second, on se sert du genre neutre, comme : *het nuttige*, l'utile, *het aengename*, l'agréable, *het goede*, le bien etc. (1).

Ces adjectifs se déclinent au singulier comme s'ils étaient suivis d'un nom, et au pluriel, ils prennent la terminaison *en* à tous les cas ; exemples :

SINGULIER.	PLURIEL.
Le Tout-Puissant.	Les savans.
N. *den Almagtigen*	N. *de geleerden*,
G. *des Almagtigen*,	G. *der geleerden*,
D. *den Almagtigen*,	D. *den geleerden*,
A. *den Almagtigen*.	A. *de geleerden*.

Nous avons vu que les adjectifs employés comme modificatifs, varient suivant les noms auxquels ils sont joints, ces variations se réduisent à deux terminaisons, *e* et *en*, que l'on emploie de la manière suivante :

MASCULIN.	FÉMININ.	NEUTRE
Un bon compas.	Une bonne plume.	Un bon livre.
N. *een goeden passer*,	*eene goede pen*,	*een goed boek*,
G. *eens goeden passers*,	*eener goede pen*,	*eens goeden boeks*,
D. *eenen goeden passer*,	*eener goede pen*,	*eenen goeden boeke*,
A. *eenen goeden passer*.	*eene goede pen*.	*een goed boek*.

REMARQUE. On voit par ces déclinaisons, que l'adjectif prend la terminaison *en* au m. dans tous les cas et au gén.

---

(1) Les adjectifs qui expriment les couleurs, restent à l'état invariable quand ils sont pris substantivement ; comme *het wit*, le blanc, *het groen*, le vert, *het geel*, le jaune, etc.

et dat. neutre ; au fém. *e* dans tous les cas ; le nominatif et l'accusatif neutres restent à l'état invariable. (1)

On décline de même les adjectifs qui modifient les noms accompagnés d'articles possessifs :

N. *myn goeden passer,   myne goede pen,   myn goed boek ;*
   onze goeden passer, onze goede pen,   ons goed boek ; etc.

Comparatif employé avec l'article indéfini.

Masculin.   **Féminin.**   **Neutre.**

SINGULIER.

Une chaise plus haute, Une table plus haute, Un lit plus haut,
N. *een hoogeren stoel,   eene hoogere tafel,   een hooger bed,*
G. *eens hoogeren stoels, eener hoogere tafel, eens hoogeren beds,*
D. *eenen hoogeren   eener hoogere tafel, eenen hoogeren bedde,*
   stoels,
A. *eenen hoogeren   eene hoogere   een hooger bed.*
   stoel.   tafel.

---

(1) L'adjectif qui accompagne un nom d'homme, précédé de l'article *een* est variable, lorsqu'on indique une qualité physique, et reste invariable, quand on veut désigner une qualité morale ; ainsi l'on dit : *een grooten man*, un homme grand, *een groot man*, un grand homme : *een goeden koning*, un roi bon, *een goed koning*, un bon roi ; *een armen schilder*, un peintre pauvre, *een kundig schilder*, un peintre habile.

Dans le dernier cas, la déclinaison se fait de la manière suivante :

N. *een groot man,* G. *van een groot man,* D. *aen een groot man,*
A. *een groot man.*

Nous reviendrons sur cet objet.

Comparatif employé avec l'article défini.

SINGULIER.

L'homme plus grand.	La femme plus grande.	L'enfant plus grand.
N. den grooteren man,	de grootere vrouw,	het grootere kind,
G. des grooteren mans,	der grootere vrouw,	des grooteren kinds,
D. den grooteren man,	der grootere vrouw,	den grooteren kinde,
A. den grooteren man,	de grootere vrouw.	het grootere kind.

PLURIEL.

Les hommes plus grands	Les femmes plus grandes	Les enfans plus grands
N. de grootere mannen,	de grootere vrouwen,	de grootere kinderen.
G. der grootere mannen,	der grootere vrouwen,	der grootere kinderen,
D. den grooteren mannen,	der grootere vrouwen,	den grooteren kinderen.
A. de grootere mannen.	de grootere vrouwen.	de grootere kinderen.

REMARQUES. L'euphonie empêche quelquefois d'employer le comparatif à l'état variable ; c'est quand la déclinaison occasionerait à la fin du mot, un trop grand nombre de syllabes brèves ou non accentuées; alors on se sert de l'état variable. Ainsi l'on dit *eene verhevener verordening*, une disposition plus relevée, et non pas *eene verhevenere verordening* ; etc.

MASCULIN.	FÉMININ.	NEUTRE.
Le meilleur fils.	La meilleure fille.	Le meilleur pays.
N. *den besten zoon,*	*de beste dochter,*	*het beste land*
G. *des besten zoons,*	*der beste dochter,*	*des besten lands,*
D. *den besten zoon;*	*der beste dochter,*	*den besten lande,*
A. *den besten zoon.*	*de beste dochter.*	*het beste land.*

PLURIEL.

Les meilleurs fils.	Les meilleures filles.	Les meilleurs pays.
N. *de beste zoonen,*	*de beste dochters,*	*de beste landen,*
G. *der beste zoonen,*	*der beste dochters,*	*der beste landen,*
D. *den besten zoonen,*	*der beste dochters,*	*den besten landen,*
A. *de beste zoonen.*	*de beste dochters.*	*de beste landen.*

De même avec les articles possessifs, *myn besten zoon, myne beste dochter, uw beste land,* etc.

Des nombres cardinaux.

Les nombres cardinaux marquent la quantité d'une manière déterminée, ce sont :

un	*een.*	onze	*elf.*
deux	*twee.*	douze	*twaelf* ou *twelf.*
trois	*dry.*	treize	*dertien.*
quatre	*vier.*	quatorze	*veertien.*
cinq	*vyf.*	quinze	*vyftien.*
six	*zes.*	seize	*zestien.*
sept	*zeven.*	dix-sept	*zeventien.*
huit	*acht.*	dix-huit	*achttien.*
neuf	*negen.*	dix-neuf	*negentien.*
dix	*tien.*	vingt	*twintig.*

21	een en twintig.	101	honderd en een.
22	twee en twintig.	200	twee honderd.
30	dertig.	300	dry honderd.
40	veertig.	400	vier honderd.
50	vyftig.	500	vyf honderd.
60	zestig.	600	zes honderd.
70	zeventig.	700	zeven honderd.
80	tachtig.	800	acht honderd.
90	negentig.	900	negen honderd.
100	honderd.	1000	duyzend.

REMARQUES. 1.° On voit par ce tableau, que les dix premiers nombres sont des mots primitifs qui servent de racines aux autres; que *tien* ajouté aux nombres *dry*, *vier*, ... *negen*, représente les nombres depuis treize jusqu'à dix-neuf, en changeant toutefois *dry* en *der*, et *vier* en *veer*; enfin, que la terminaison *tig* est affectée aux dixaines : *twintig*, *dertig*, *veertig*, etc.

2.° Les nombres compris entre vingt et trente, trente et quarante, quarante et cinquante, etc., jusqu'à cent, s'expriment à l'aide des neuf premiers nombres, mais dans un ordre inverse du français; exemples:

vingt et un,	*een en twintig*,	trente et un,	*een en dertig*;
vingt-deux,	*twee en twintig*,	trente-deux,	*twee en dertig*,
vingt-trois,	*dry en twintig*,	trente-trois;	*dry en dertig*, etc;
vingt-quatre,	*vier en twintig*,	quarante et un,	*een en veertig*;
vingt-cinq,	*vyf en twintig*, etc.	quarante-deux,	*twee en veertig*, etc.

3°. Au-dessus de cent, on ajoute au mot *honderd*, tous les nombres précédens, comme il suit:

cent et un, *honderd en een*   cent vingt, *honderd en twintig*;
cent deux, *honderd en twee*, etc.   121, *honderd een en twintig*.

Et ainsi de suite jusqu'à deux cent; puis on recommence le troisieme cent de la même manière, etc.

Les nombres cardinaux sont généralement invariables, excepté *een* qui se décline comme l'article indéfini, exemples : *een man, eene vrouw, een kind.* Mais dans les nombres composés, *een* est invariable, pourvu qu'il ne soit pas immédiatement suivi d'un nom; ainsi, l'on dit : *een en twintig vrouwen*, (et non pas *eene en twintig vrouwen*) vingt et une femmes.

Le nombre cardinal *een* se joint quelquefois à l'article défini; alors on le décline comme un adjectif pris substantivement; exemples :

Singulier. L'une, l'une, ... Pluriel. Les uns
N. *den eenen, de eene, het eene,*   N. *de eenen,*
G. *des eenen, der eene, des eenen, etc.*   G. *der eenen, etc.*

On le joint aussi aux articles possessifs et démonstratifs, quoique l'on préfère généralement employer une autre tournure, et dire : *een myner boeken*, un de mes livres, au lieu de *myn een boek*; *eene dezer vrouwen*, une de ces femmes, au lieu de *deze eene vrouw*.

Quelques nombres cardinaux prennent la terminaison *en*, quand il y a un nom sous-entendu, comme dans les expressions suivantes :

wy waren met ons vieren, c'est-à-dire, *vier persoonen*;
nous étions *quatre*, ... quatre personnes.
niet lang   na   zessen, c'est-à-dire, *zes uren*;
pas long-temps après   six, ... six heures.

De même, quand ils sont pris substantivement, comme : *dry zessen,* trois six; *vier achten,* quatre-huit; *etc.*

201. Les nombres cardinaux se composent avec l'adjectif *half, halve* (demi) et signifient le nombre indiqué moins la moitié d'un; exemples :

anderhalf, un et demi;   *zesthalf*, cinq et demi;
derdehalf, deux et demi;   *zevendhalf*, six et demi;

vierdehalf, trois et demi ;   *achthalf*,   sept et demi;
vyfthalf,   quatre et demi ;   *negendehalf*, huit et demi.

On dit aussi *zeven en een half*, sept et demi, *negen en een half*, neuf et demi; surtout avec les nombres plus élevés, *twintig en een half*, vingt et demi ; *etc* .

Mais en parlant de l'heure, on dit :

half een,   midi et demi ;   *half negen*, huit heures et demie ;

half twee, une heure et demie;   *half twaelf*, onze heures et demie.

Dans tout autre cas, *half* s'emploie comme un adjectif ordinaire : *eenen halven dag*, un demi-jour; *eene halve el*, une demi-aune ; *etc*.

Des nombres ordinaux.

Les nombres ordinaux sont ceux qui marquent l'ordre ou le rang des objets ; ils se forment des cardinaux (excepté *eersten*), en ajoutant *den* ou *sten*, exemples :

le premier,	*den eerten*,	le onzième,	*den elfden*,
le second,	*den tweeden*,	le douzième,	*den twaelfden*,
le troisième,	*den derden*,	le treizième,	*den dertienden*,
le quatrième,	*den vierden*,	le quatorzième,	*den veertienden*,
le cinquième,	*den vyfden*,	le quinzième,	*den vyftienden*
le sixième,	*den zesden*,	le vingtième,	*den twintigsten*
le septième,	*den zevenden*,	le trentième,	*den dertigsten*,
le huitième,	*den achtsten*,	le quarantième,	*den veertigsten*,
le neuvième,	*den negenden*,	le centième,	*den hondersten*
le dixième,	*den tienden*,	le millième,	*den duyzendsten*,

REMARQUES. 1° On voit qu'à l'exception de *eersten* et de *achtsten*, les dix-neuf premiers nombres ordinaux finissent en *den*, et que tous les autres se terminent en *sten*.

2° Quand le nombre cardinal est composé, il n'y a que le dernier mot qui prenne la terminaison, ainsi l'on dit :

le vingt et unième,	*den een en twintigsten* ;
le vingt deuxième,	*den twee en twintigsten* ;
le cent et unième,	*den honderd en eersten* ;
le deux centième,	*den twee honderdsten* ;

3° Tous les nombres ordinaux se déclinent comme les adjectifs.

Le premier homme. La première femme. Le premier enfant.

N. *den eersten man*, *de eerste vrouw*, *het eerste kind*.
G. *des eersten mans*, *der eerste vrouw*, *des eersten kinds*, etc.

DES PRONOMS.

Les pronoms tiennent lieu des noms substantifs, et sont ordinairement divisés en six sortes :

1° *Personnels*,
2° *Réfléchis*,
3° *Possessifs*,
4° *Interrogatifs*,
5° *Relatifs*.
6° *Démonstratifs*.

Les pronoms *personnels* sont trois, savoir : de la première personne, ou celle qui parle ; de la seconde personne, ou celle à qui l'on parle, et de la troisième personne, ou celle de qui l'on parle.

Pronom de la première personne.

	SINGULIER.	PLURIEL.
Nom.	*Ik*, je *ou* moi.	*Wy*, nous.
Gén.	*Myns, van my*, de moi.	*Onzer, van ons*, de nous.
Dat.	*My, aen my*, à moi.	*Ons, aen ons*, à nous.
Acc.	*My*, moi, me.	*Ons*, nous.
Abl.	*Van my*, de moi.	*Van ons*, de nous.

Pronom de la seconde personne.

	SINGULIER.	PLURIEL.
Nom.	*Gy*, tu *ou* toi.	*Gy*, vous.
Gén.	*Uws, van u*, de toi.	*Uwer, van u*, de vous.
Dat.	*U, aen u*, à toi.	*U, aen u*, à vous.
Acc.	*U*, toi, te.	*U*, vous.
Abl.	*Van u*, de toi.	*Van u*, de vous.

Pronom de la troisième personne.

SINGULIER.

	MASCULIN.	FÉMININ.	NEUTRE.
Nom.	*Hy*, il, lui.	*Zy*, elle.	*Het*, il, lui
Gén.	*Zyns, van hem*, de lui.	*Harer, van haer*, d'elle.	*Zyns, van het*, de lui.
Dat.	*Hem, aen hem*, lui, à lui.	*haer, aen haer*, lui, à elle.	*Het, aen het* lui, à lui.
Acc.	*Hem*, le.	*Haer*, la.	*Het*, le.
Abl.	*Van hem*, de lui.	*Van haer*, d'elle.	*Van het*, de lui.

PLURIEL.

	MASCULIN.	FÉMININ.	NEUTRE.
Nom.	*Zy*, ils.	*Zy*, elles.	Comme au genre masculin.

MASCULIN.	FÉMININ.
Gén. *Hunner, van hen,* d'eux.	*Harer, van haer,* d'elles
Dat. *Hun, aen hen,* leur, à eux.	*Haer, aen haer,* leur, à elles.
Acc. *Hen,* les.	*Haer,* les.
Abl. *Van hen,* d'eux.	*Van haer,* d'elles.

On a vu que le génitif, datif, etc., s'expriment aussi par une préposition : pour *hunner*, on dit alors *van hen*, et pour *hun*, on dit *aen hen*.

Les pronoms *réfléchis zich, zyn, haer, hun*, sont proprement des pronoms de la troisième personne. On les appelle ainsi, parce qu'ils marquent le rapport d'une personne ou d'une chose à elle-même.

Ils se déclinent de la manière suivante :

SINGULIER.

MASCULIN.	FÉMININ.	NEUTRE
Nom.		Comme au masculin.
Gén. *Zyns, van zich,* de soi.	*Harer, van zich,* de soi.	
Dat. *Zich, aen zich,* à soi, se.	*Zich, aen zich,* à soi, se.	
Acc. *Zich,* se, soi.	*Zich,* se, soi.	
Abl. *Van zich,* de soi.	*Van zich,* de soi.	

PLURIEL.

	MASCULIN.	FÉMININ.	NEUTRE.
Nom.			
Gén.	*Hunner*, *van zich*, d'eux.	comme au fém. singulier.	comme au mas. pluriel.
Dat.	*Zich*, *aen zich*, à eux.		
Acc.	*Zich*, eux, se.		
Abl.	*Van zich*, d'eux.		

On adapte souvent aux pronoms personnels et réfléchis les mots *alleen*, seul, et *zelf*, même, comme : *ik alleen was daer*, moi seul j'étais là ; *gy zelf hebt hem gezien*, vous-même vous l'avez vu ; *hy sloeg zich zelven voor het hoofd*, il se frappa lui-même à la tête ; etc. (1)

––––––––––––––––––––––––––

(1) Le mot *alleen* ne change jamais, mais le mot *zelf* est déclinable, et se conforme au mot auquel il est joint ; ainsi on écrit : *hy zelf*, lui-même ; *zy zelve*, elle-même ; *zy bedroog zich zelve*, elle se trompa elle-même, *de zaek op zich zelve beschouwd*, la chose considérée en elle-même ; *dit is op zich zelf niets*, cela n'est rien en soi-même, etc., *zelf* est aussi placé derrière d'autres noms substantifs, ou employé avec une préposition, l'usage veut qu'en ce cas il soit pris comme un adjectif, et décliné comme tel, par exemple : *ik zag den man zelven, de vrouw zelve, ket kind zelf*, je voyais l'homme, la femme, l'enfant même ; *deze zaek spreekt van zelve*, cela va sans dire, cette chose parle d'elle-même ; *het ontwerp verviel van zelf*, le projet tomba de lui-même ; dans ces deux derniers exemples, il y a peut-être une ellipse du pronom *zich*. Ce mot *zelf* n'est suivi d'un S que dans le génitif *zyns zelfs*, de soi-même ; etc., *zelfs* est aussi un adverbe qui signifie *même*.

Les adjectifs *possessifs* sont ceux qui marquent une possession, comme : *myn*, mon ; *ons*, notre ; *zyn*, son ; *haer*, son ; *hun*, *haer*, leur. Les pronoms personnels de la troisième personne, *zyn*, *haer*, *hun*, signifient tant le genre du possesseur que celui de l'objet possédé. Ainsi lorsqu'on dit : *zyn akker*, son champ ; *zyne kamer*, sa chambre ; on voit d'abord par *zyn* et *zyne*, que la personne à qui appartient le champ et la chambre est du genre masculin, et ensuite on remarque par *zyn akker*, que le mot *akker* est masculin, et par *zyne kamer*, que le mot *kamer* est féminin. Si la personne qui possède est du genre féminin, on dit *haer akker*, son champ ; *hare kamer*, sa chambre ; et de même au pluriel, *hun akker*, leur champ ; *hunne kamer*, leur chambre, au masculin ; *haer akker*, leur champ ; *hare kamer*, leur chambre, au féminin ; *hunne akkers*, leurs champs ; *hunne kamers*, leurs chambres, au masculin pluriel ; et *hare akkers*, leurs champs ; *hare kamers*, leurs chambres ; au féminin pluriel, etc.

Déclinaison d'adjectifs possessifs.

MASCULIN.

Singulier.

N. *myn vader*, mon père.
G. *myns vaders*, ou *van mynen vader*, de mon père.
D. *mynen*, ou *aen mynen vader*, à mon père.
A. *mynen vader*, mon père.
A. *van mynen vader*, de mon père.

PLURIEL.

N. *myne vaders*, mes pères.
G. *myner*, ou *van myne vaders*, de mes pères.

Des pronoms interrogatifs.

Ces pronoms surtout d'usage dans les phrases interrogatives, sont les suivans: *wie*, qui; *wat*, quoi; *welke*, quel; *hoedanig*, quel, quelle sorte, etc.

Déclinaison de, wie, *qui;* welken, *quel.*

MASCULIN.

SINGULIER.

N. *wie*, qui.
G. *wiens*, ou *van wien*, de qui.
D. *wien*, ou *aen wien*, à qui.
A. *wien*, qui.
A. *van wien*, de qui.

PLURIEL.

N. *wie*, qui.
G. *wier*, *van wie*, de qui.
D. *wien*, *aen wie*, à qui.
A. *wie*, qui.
A. *van wie*, de qui.

FÉMININ.

SINGULIER.

N. *wie*, qui.
G. *wier*, ou *van wie*, de qui.
D. *wie*, ou *aen wie*, à qui.
A. *wie*, qui.
A. *van wie*, de qui.

PLURIEL.

N. *wie*, qui.
G. *wier*, ou *van wie*, de qui.
D. *wien*, ou *aen wie*, à qui.
A. *wie*, qui.
A. *van wie*, de qui.

NEUTRE SINGULIER.

N. *wat*, qui, quoi.
G. *wiens*, ou *van wat*, de qui, de quoi.
D. *wat*, *aen wat*, ou *waeraen*, à quoi.
A. *wat*, quoi.
A. *van wat*, de quoi.

Le neutre est sans pluriel.

MASCULIN.

Singulier.	Pluriel.
N. *welken*, quel.	N. *welke*, quels.
G. *welks*, *van welken*, de quel	G. *welker*, *van welke*, de quels.
D. *welken*, *aen welken*, à quel.	D. *welken*, *aen welke*, à quels.
A. *welken*, quel.	A. *welke*, quels.
A. *van welken*, de quel.	A. *van welke*, de quels.

FÉMININ.

Singulier.	Pluriel.
N. *welke*, quelle.	N. *welke*, quelles.
G. *welker*, *van welke*, de quelle.	G. *welker*, *van welke*, de quelles.
D. *welker*, *aen welke*, à quelle.	D. *welker*, *aen welke*, à quelles.
A. *welke*, quelle.	A. *welke*, quelles.
A. *van welke*, de quelle.	A. *van welke*, de quelles.

NEUTRE.

Singulier.	Pluriel.
N. *welk*, quel.	N. *welke*, quels.
G. *welks*, *van welk*, de quel.	G. *welker*, *van welke*, de quels.
D. *welken*, *aen welk*, à quel.	D. *welken*, *aen welke*, à quels.
A. *welk*, quel.	A. *welke*, quels.
A. *van welk*, de quel.	A. *van welke*, de quels.

Déclinaison de , *hoedanigen* , quel.

Singulier.
N. *hoedanigen man*, quel homme.
G. *van hoedanigen man*, de quel homme.
D. *aen hoedanigen man*, à quel homme.
A. *hoedanigen man*, quel homme.

Pluriel.
N. *hoedanige mannen*, quels hommes.
G. *van hoedanige mannen*, de quels hommes.
D. *aen hoedanige mannen*, à quels hommes.
A. *hoedanige mannen*, quels hommes.

FÉMININ.

Singulier.

N. *hoedanige vrouw*, quelle femme.
G. *van hoedanige vrouw*, de quelle femme.
D. *aen hoedanige vrouw*, à quelle femme.
A. *hoedanige vrouw*, quelle femme.

Pluriel.

N. *hoedanige vrouwen*, quelles femmes.
G. *van hoedanige vrouwen*, de quelles femmes.
D. *aen hoedanige vrouwen*, à quelles femmes.
A. *hoedanige vrouwen*, quelles femmes.

NEUTRE.

Singulier.

N. *hoedanig boek*, quel livre.
G. *van hoedanig boek*, de quel livre.
D. *aen hoedanig boek*, à quel livre.
A. *hoedanig boek*, quel livre.

Pluriel.

N. *hoedanige boeken*, quels livres.
G. *van hoedanige boeken*, de quels livres.
D. *aen hoedanige boeken*, à quels livres.
A. *hoedanige boeken*, quels livres.

Remarques sur les pronoms interrogatifs.

Wie, qui, qu'on emploie pour des personnes en général, n'est jamais accompagné d'un nom substantif, p. e. *wie heeft dat gedaen?* qui a fait cela ? *wie is daer?* qui est là ?

Welken, quel, s'emploie pour les personnes et les choses,

et est toujours suivi d'un substantif, p. e. *welke vrouw bemint gy?* quelle femme aimez-vous ?

Wat, que, quoi, s'emploie seulement au nominatif et à l'accusatif, p. e. *wat is dat?* qu'est-ce cela ? *wat doet gy?* que faites-vous? Au datif on dit: *waer aen denkt gy?* à quoi pensez-vous ? *aen wat denkt gy*, serait une faute. Si *wat* est suivi d'un substantif, on peut dire: *aen wat*, p. e. *aen wat (welke) tafel?* à quelle table ?

Au lieu de: *welken man*, quel homme, on dit aussi, *wat voor een man*, quel homme; *wat voor eene vrouw*, quelle femme; *wat voor een kind*, quel enfant. Aussi : *hoedanig een man*, quel homme, ou plutôt, quelle sorte d'homme.

Les pronoms démonstratifs servent à montrer les personnes et les choses; ce sont les suivans: *dezen*, celui-ci; *dien*, celui-là; *genen*, celui-là; *dien genen*, celui-là; *den genen*, celui; *dusdanig, zoodanig*, un tel; *den zelfden*, le même, et *denzelven*. de ce dernier on se sert en Flamand au lieu des pronoms personnels à l'accusatif, quand on parle des choses, p. e. *waer zyn de boeken? ik heb dezelve niet gezien.* Où sont les livres ? je ne les ai pas vus. *De zelve* signifie ici *les*.

Dezen, celui-ci, marque l'objet le plus près, et *genen* l'objet le plus éloigné, p. e. *dezen is goed, maer genen deugt niets*, celui-ci est bon, mais celui-là ne vaut rien.

Déclinaison du pronom démonstratif dezen.

MASCULIN.

SINGULIER.

N. *dezen*, celui-ci.
G. *dezes, van dezen*, de celui-ci.

PLURIEL.

N. *deze*, ceux-ci.
G. *dezer, van deze*, de ceux-ci.

SINGULIER.	PLURIEL.
D. *dezen, aen dezen*, à celui-ci.	D. *dezen, aen deze*, à ceux-ci.
A. *dezen*, celui-ci.	A. *deze*, ceux-ci.
A. *van dezen*, de celui-ci.	A. *van deze*, de ceux-ci.

FÉMININ.

SINGULIER.	PLURIEL.
N. *deze*, celle-ci.	N. *deze*, celles-ci.
G. *dezer, van deze*, de celle-ci.	G. *dezer, van deze*, de celles-ci.
D. *dezer, aen deze*, à celle-ci.	D. *dezer, aen deze* à celles-ci.
A. *deze*, celle-ci.	A. *deze*, celles-ci.
A. *van deze*, de celle-ci.	A. *van deze*, de celle-ci.

NEUTRE.

SINGULIER.	PLURIEL.
N. *dit*, celui-ci.	N. *deze*, ceux-ci.
G. *dezes, van dit*, de celui-ci.	G. *dezer, van deze*, de ceux-ci.
D. *dit, dezen, aen dit*, à celui-ci.	D. *dezen, aen deze*, à ceux-ci.
A. *dit*, celui-ci.	A. *deze*, ceux-ci.
A. *van dit*, de celle-ci.	A. *van deze*, de ceux-ci.

Die, dit, dat, se déclinent comme les pronoms interrogatifs, *wie, wat*.

Déclinaison de : genen.

MALCULIN.

SINGULIER.	PLURIEL.
N. *genen*, celui-là.	N. *gene*, ceux-là.
G. *genes, van genen* de celui-là.	G. *gener, van gene*, de ceux-là.
D. *genen, aen genen*, à celui-là.	D. *genen, aen gene*, à ceux-là.
A. *genen*, celui-là.	A. *gene*, ceux-là.

FÉMININ.

SINGULIER.	PLURIEL.
N. *gene*, celle-là.	N. *gene*, celles-là.
G. *gener, van gene*, de celle-là.	G. *gener, van gene*, de celles-là.
D. *gener, aen gene*, à celle-là.	D. *gener, aen gene*, à celles-là.
A. *gene*, celle-là	A. *gene*, celles-là.

NEUTRE.

Singulier.	Pluriel.
N. *gene*, celui-là.	N. *gene*, ceux-là.
G. *genes, van gene*, de celui-là.	G. *gener, van gene*, de ceux-là.
D. *genen, aen gene*, à celui-là.	D. *genen, aen gene*, à ceux-là.
A. *gene*, celui-là.	A. *gene*, ceux-là.

MALCULIN.

Singulier.	Pluriel.
N. *den zelfden*, le même.	N. *de zelfde*, les mêmes.
G. *van den zelfden*, du même.	G. *van de zelfde*, des mêmes
D. *aen denzelfden*, au même.	D. *aen de zelfde*, aux mêmes
A. *den zelfden*, le même.	A. *de zelfde*, les mêmes.

FÉMININ.

Singulier.	Pluriel.
N. *de zelfde*, la même.	N. *de zelfde*, les mêmes.
G. *van de zelfde*, de la même.	G. *van de zelfde*, des mêmes.
D. *aen de zelfde*, à la même.	D. *aen de zelfde*, aux mêmes.
A. *de zelfde*, la même.	A. *de zelfde*, les mêmes.

NEUTRE

Singulier	Pluriel.
N. *het zelfde*, le même	N. *de zelfde*, les mêmes.
G. *van het zelfde*, de même.	G. *van de zelfde*, des mêmes.
D. *aen het zelfde*, au même.	D. *aen dezelfde*, aux mêmes
A. *het zelfde*, le même.	A. *dezelfde*, les mêmes

Den zelven se décline de la même manière.

Dusdanigen et *zoodanigen* se déclinent comme le pronom interrogatif *hoedanigen*.

DES VERBES.

Les verbes servent à exprimer le mouvement, le repos, le temps, l'existence, un état actif ou passif, comme: *zyn,* être; *rusten,* reposer; *beminnen,* aimer; *loopen,* courir; *lyden,* souffrir; etc. On distingue dans la langue flamande principalement trois sortes de verbes: 1° réguliers, *gelykvloeyende ;* 2° irréguliers simples, *ongelykvloeyende ;* 3° irréguliers absolus, *onregelmatige.*

Les verbes *réguliers* (*gelykvloeyende*) sont ceux qui, dans tous leurs modes, ne subissent aucun changement dans la voyelle radicale, et qui ont à l'imparfait *de* ou *te,* et au participe passé *d* ou *t,* avec la syllabe *ge* au commencement, comme : *beminnen,* aimer; *ik beminde,* j'aimais; *bemind,* aimé; *leven,* vivre; *ik leefde.,* je vivais ; *geleefd,* vécu; *blaken,* brûler, *ik blaekte,* je brûlais, *geblaekt,* brûlé. Si le verbe commence par une préposition inséparable, le participe passé ne prend pas la syllabe *ge,* par exemple : *verzamelen,* rassembler, *ik verzamelde,* je rassemblais, *verzameld,* rassemblé; etc.

Tous les verbes formés de noms substantifs qui sont dérivés de verbes irréguliers simples, sont réguliers. Ainsi, par exemple, de l'imparfait *ik gaf,* je donnais ; vient *gaef,* don, et de-là *begaven,* douer, *ik begaefde,* je douais; *begaefd,* doué. De l'imparfait *ik zoog,* je suçais, vient *zog,* lait de femme, de-là *zogen,* allaiter, *ik zoogde,* j'allaitais, *gezoogd,* allaité. Du présent *ik kryg,* je prends; vient *kryg,* guerre, de-là *krygen,* faire la guerre, combattre, *ik krygde,* je faisais la guerre, *gekrygd,* combattu, etc. On peut adopter pour règle générale que les verbes de noms substantifs sont réguliers; par exemple *tafelen,* être à table, *ik tafelde,* j'étais à table, *getafeld ,* été à table, de *tafel,* table; *verwelkomen,* souhaiter la bienvenue ; *ik verwelkomde ,* je souhaitais, etc.; *verwelkomd,* souhaité, etc.; de *welkomst,* bienvenue ; etc.

Les verbes *irréguliers simples (ongelykvloeyende)* sont ceux qui, étant conjugués, changent de voyelle radicale dans les modes, et qui ont dans le participe passé *en* à la fin, et *ge* au commencement, comme : *spreken*, parler, *ik sprak*, je parlais, *gesproken*, parlé. Cependant beaucoup de verbes irréguliers simples prennent, dans la conjugaison, la même voyelle, comme : *schryven*, écrire, *ik schreef*[1], j'écrivais, *geschreven*, écrit; *sluyten*, fermer, *ik sloot*, je fermais, *gesloten*, fermé; *vinden*, trouver, *ik vond*, je trouvais, *gevonden*, trouvé.

Il y en a qui ne changent de voyelle radicale que dans l'imparfait, comme, *eten*, manger, *ik at*, je mangeais, *geëten*, mangé; *laten*, laisser, *ik liet*, je laissais; *gelaten*, laissé; *dragen*, porter, *ik droeg*, je portais, *gedragen*, porté; *wasschen*, laver, *ik wiesch*, je lavais, *gewasschen*, lavé; *vangen*, attraper, *ik ving*, ou *vong*, j'attrapais, *gevangen*, attrappé, *loopen*, courir, *ik liep*, je courais, *geloopen*, couru, etc. D'autres verbes changent de voyelle radicale tant dans l'imparfait que dans le participe passé, comme, *breken*, casser; *ik brak*, je cassais; *gebroken*, cassé; *zweren*, jurer; *ik zwoer*, je jurais, *gezworen*, juré; *bidden*, prier; *ik bad*, je priais; *gebeden*, prié; *helpen*, aider; *ik hielp* ou *holp*, j'aidais, *geholpen*, aidé; etc. Il y en a encore d'autres dans lesquels l'imparfait est devenu régulier par l'usage, comme : *bakken*; cuire au four, *ik bakte*, anciennement *ik biek*, je cuisais, *gebakken*, cuit; *braden*, rôtir; *ik braedde*, anciennement *ik bried*, je rôtissais; *gebraden*, rôti; etc.

Les verbes *irréguliers absolus (onregelmatige)* sont ceux qui s'écartent, d'une ou d'autre manière, des sortes de verbes dont on vient de parler. Ainsi les verbes *slaen*, battre; *gaen*, aller; *staen*, être debout; *doen*, faire; *zien*, voir; n'ont pas à l'infinitif *en*, comme les verbes réguliers, mais seulement *n*. Ainsi les verbes *kunnen*, pouvoir; *mogen*, être permis; *moeten*, devoir; n'ont pas de mode impératif, et de plus, les deux premiers n'ont pas de *t* à la fin de la troisième personne du présent, comme les autres verbes, car on dit : *hy kan*, il peut ; *hy mag*, il lui est permis, il a le droit. Au contaire, les verbes *brengen*, porter ; *plegen*, être accoutumé ; *denken*, penser ; *koopen*, acheter ; *zoeken*, chercher ; *dunken*, sembler ; prennent la lettre *t* à la fin de la première et de la troisième personne de l'imparfait, quoiqu'ils n'aient pas de *t* à l'infinitif, comme : *ik bragt*, je portais, *hy bragt*, il portait, *ik plagt*, j'étais accoutumé, *hy plagt*, il était accoutumé ; *ik dacht*, je pensais ; *ik kocht*, j'achetais ; *my dacht*, il me semblait.

Parmi les verbes irréguliers absolus, on classe principalement les verbes auxiliaires *hebben*, avoir ; *zyn*, être ; *zullen* (verbe qui exprime le futur) ; *worden*, être, devenir. Ils portent le nom d'auxiliaire, parce qu'ils *aident* les verbes en ce qui leur manque dans leur forme et temps, comme : *ik heb geslagen*, j'ai battu ; *ik zal komen*, je viendrai ; *ik word gekweld*, je suis tourmenté ; *ik ben gevangen*, je suis pris. Toutefois ces verbes peuvent aussi être employés seuls, c'est-à-dire, sans être accompagnés d'un autre verbe auquel ils servent d'auxiliaires (à l'exception du verbe *zullen*, qui ne peut servir qu'a former les futurs des verbes) comme *ik heb geld*, j'ai de l'argent ; *gy zyt ryk*, vous êtes riche, *hy wordt arm*, il devient pauvre.

Des verbes actifs, passifs, neutres, réfléchis et unipersonnels.

Un verbe *actif* est celui dont l'action porte sur un autre objet, comme : *onderwyzen*, enseigner ; *slaen*, battre ; *dragen*, porter ; etc. Par exemple : *den vader onderwyst zynen zoon*, le père instruit son fils ; ici l'action passe du père au fils. On reconnaît ces verbes principalement à ce qu'ils ont toujours un mode passif, par exemple : *den zoon wordt onderwezen van den vader*, le fils est instruit par le père.

Lorsqu'on subit une action quelconque produite par un agent étranger, alors le verbe qui marque cette action subie est appelé un verbe *passif*. Les verbes flamands n'ont pas de mode passif qui leur soit propre; mais ils l'empruntent du participe passé et des verbes auxiliaires *zyn* et *worden*, être, comme : *ik ben geslagen*, je suis battu; *ik word bemind*, je suis aimé; etc.

Les verbes *neutres* sont ceux qui ne peuvent être considérés ni comme des verbes actifs, ni comme des verbes passifs, vu qu'ils n'expriment ni une action exercée sur quelqu'un ou quelque chose, ni une action reçue par quelqu'un ou quelque chose. Par exemple : *staen*, être debout; *zitten*, s'asseoir; *slapen*, dormir; *liggen*, reposer; *blyven*, rester; *gaen*, aller; etc. Ils se conjuguent avec les verbes auxiliaires *hebben*, avoir, et *zyn*, être. Voici quelques verbes qui sont conjugués avec le verbe auxiliaire *hebben*, avoir: *arbeyden*, travailler; *bystaen*, assister; *grazen*, brouter; *heerschen*, régner; *kyven*, gronder; *lagchen*, rire; *razen*, faire du bruit; *vechten*, se battre; *woeden*, être furieux; *zitten*, s'asseoir; *zondigen*, pécher, comme: *ik heb gearbeyd*, j'ai travaillé; *ik heb geheerscht*, j'ai régné; *ik heb gelagchen*, j'ai ri; etc. On compte parmi ceux qui se conjuguent au moyen du verbe auxiliaire *zyn*, être : *aenbreken*, poindre, venir; *gelukken*, réussir; *komen*, venir; *sterven*, mourir; *verdorren*, devenir aride; *zinken*, couler bas; comme : *den dag is aengebroken*, le jour a commencé; *ik ben gekomen*, je suis venu; *hy is gestorven*, il est mort, etc.

Beaucoup de verbes neutres qui marquent un mouvement se conjuguent également avec les verbes auxiliaires *hebben*, avoir; et *zyn*, être; avec le dernier verbe, quand le lieu, où le mouvement se fait, est indiqué; ainsi on dit: *hy heeft gestruykeld*, il a trébuché; *hy is over dezen steen gestruykeld*, il est tombé sur cette pierre; *hy heeft lang gegaen*, il a marché long-temps; *hy is tot aen de poort gegaen*, il est allé jusqu'à la porte, etc.

D'autres verbes, d'après leur nature, sont *neutres*, comme : *beven*, trembler; *barsten*, fendre; *spruyten*, pousser; *zwellen*, enfler, etc.; d'autres sont en même temps neutres et actifs, par exemple : *de klok slaet*, la cloche sonne, neutre; *ik sla den hond*, je frappe le chien, actif; *de deur klemt*, la porte serre, neutre; *ik klem myne hand*, je me froisse la main, actif. Ainsi, on dit aussi : *eenen goeden tred gaen*, aller un bon train; *zich ziek lagchen*, mot-à-mot, *se rire malade*, ou au point d'en devenir malade; *daer wordt gewandeld*, on se promène. Ces verbes, qui sont ordinairement neutres, sont employés comme actifs en prenant la syllabe *be* au commencement du mot, comme : *lagchen*, rire; *iemand belagchen*, rire de quelqu'un; *weenen*, pleurer; *iemand beweenen*, pleurer quelqu'un.

Les verbes *réfléchis* expriment cette action qui opère sur la personne même par laquelle elle est faite, par exemple : *zich schamen*, avoir honte; *ik schaem my*, j'ai honte; *gy schaemt u*, tu as honte, etc.; *zich verwonderen*, s'étonner; *ik verwonder my*, je m'étonne, *gy verwondert u*, tu t'étonnes; *hy verwondert zich*, il s'étonne, etc. Tels sont aussi les verbes *zich behelpen*, s'accommoder; *zich aenmatigen*, s'arroger; *zich beroemen*, se glorifier; *zich bezinnen*, se rappeler; *zich vergissen*, se méprendre, etc.; et ces verbes sont des verbes réfléchis absolus, ou proprement dits ainsi, tandis que la plupart des verbes actifs peuvent aussi être employés comme des verbes réfléchis, par exemple : *zich wasschen*, se laver; *zich bedriegen*, se tromper; *zich snyden*, se couper; *zich vereenigen*, se réunir, *zich branden*, se brûler, etc.

On appelle verbes *impersonnels* ceux qui n'admettent pas l'emploi des pronoms personnels *ik*, je; *gy*, tu; *hy*, il, etc., et qu'on reconnaît ordinairement au mot *het*, qui précède le verbe, par exemple : *het dondert*, il tonne; *het regent*, il pleut; etc. : *het berouwt my*, j'ai du regret; *het spyt u*, il vous fâche, etc. : à bien examiner les choses, ces verbes ne sont pas impersonnels, puisque la troisième personne est sous-entendue ou remplacée par quelqu'autre chose; car lorsqu'on dit : *het dondert*, il tonne, c'est comme si l'on disait *daer is donder*, il y a du tonnerre; *het lust my aen u te schryven*, j'ai envie de vous écrire, est la même chose que *aen u te schryven lust my*, écrire à vous est mon envie ; etc.

Des modes et des verbes.

On appelle *modes* des verbes les différentes manières d'être, suivant lesquelles une chose peut être représentée. Il y en a cinq : *l'infinitif, l'indicatif, le conditionnel, l'impératif,* et *le subjonctif*.

L'infinitif est le mode qui représente l'action du verbe en général, et seulement avec indication de temps, comme : *hooren*, entendre, *gehoord te hebben*, avoir entendu, *te zullen hooren*, c'est le futur de l'infinitif qui peut se rendre en français par le présent, par exemple : *dien redenaer te zullen hooren zal my aengenaem zyn*, il me sera agréable, je serai charmé d'entendre cet orateur. Les participes, ainsi nommés parce qu'ils contiennent quelque chose tant des verbes que des noms adjectifs et des adverbes, et qu'ils ont une part de ceux-ci, sont *actifs* et *passifs*; les premiers se terminent en *de*, les derniers en *d* ou *t* avec la syllabe *ge* au commencement du mot, comme : *hoorende*, entendant; *gehoord*, entendu; *drukkende*, pressant; *gedrukt*, pressé, etc.; il y a quelques participes qui se terminent en *en*, comme *geslagen*, frappé; *gegeven*, donné, etc. Mais quand un verbe commence par *de, ge, her, ont, ver*, il n'admet pas dans le participe passif la syllabe *ge*, comme : *beminnen*, aimer; *bemind*, et non pas *gebemind*, aimé; *hernemen*, reprendre; *hernomen*, repris; *verminderen*, diminuer; *verminderd*, diminué, etc.

L'*indicatif* est le mode par lequel on indique directement l'action qu'un verbe exprime, d'après la différence des temps, par exemple: *ik hoor*, j'entends, *ik heb gehoord*, j'ai entendu; *ik zal hooren*, j'entendrai; *ik ben gehoord*, je suis entendu, etc.; c'est à ce mode qu'appartiennent donc aussi toutes les demandes positives, par exemple: *zal hy ons hooren*, nous entendra-t-il? *weet gy het zeker*, en êtes-vous sûr?

Le *conditionnel* est le mode dont on se sert pour exprimer qu'une chose serait, ou qu'elle aurait été, moyennant une condition, par exemple: *ik zoude hooren*, j'entendrais, *ik zoude gehoord hebben*, j'aurais entendu; etc.

On se sert de *l'impératif* pour commander, prier, engager, exhorter, par exemple: *hoor*, entends; *hoort*, entendez, etc.; ce mode n'a pas de temps, et permet seulement l'usage de la seconde personne du singulier et du pluriel, on dit *hoor* au singulier, *hoort* au pluriel, etc. Les verbes qui, à l'infinitif, ont un *t*, s'écrivent, à l'impératif, au singulier et au pluriel, de la même manière, comme: *haet*, hais ou haïssez; *weet*, sache ou sachez; *stoot*, pousse ou poussez; etc.

Le *subjonctif* est le mode par lequel on exprime un doute ou une incertitude, et par lequel on marque un souhait, une nécessité, une concession ou une exhortation, par exemple: *hy leve*, qu'il vive; *leve den Koning!* vive le Roi! *hy ga waer hy wil*, qu'il aille où il voudra, etc.; *gaen wy*, allons, mot-à-mot, allons-nous, etc.; avec des conjonctions: *och! dat ik hem gezien hadde*, oh! que je l'eusse vu; ou plutôt, si je l'avais vu! *dat hy zoo het hem lust, zyne gezondheyd wage*, qu'il risque sa santé, si cela lui fait plaisir; *ik spreek op dat ik gehoord worde*, je parle, afin que je sois, ou afin d'être entendu; *dat hy zich haeste*, qu'il se dépêche; avec d'autres conjonctions: *ik twyfel dat hy myn vriend wel zy*, je doute qu'il soit mon ami; *ik twyfel niet of hy zal het doen*, je ne doute pas qu'il ne le fasse; *ik zal niet rusten, ten zy men my voldoening geve*, je ne reposerai pas qu'on ne me donne satisfaction; etc. Toutefois, le mode subjonctif ne dépend pas ici des conjonctions, mais il consiste dans la nature de ces phrases mêmes, dans le doute et l'incertitude qu'elles expriment.

Des temps et des verbes.

Il y a cinq temps dans les verbes, le présent, l'imparfait, le parfait, le plus-que-par-fait et le futur. Les deux premiers temps se forment par la conjugaison du verbe même, les trois autres au moyen des verbes auxiliaires, *hebben*, avoir, *zyn*, être, et *zullen*, verbe qui sert uniquement à former les futurs, et auquel aucun verbe français ne répond précisément.

Le temps *présent* marque que la chose dont on parle, a lieu dans le moment même où l'on parle, par exemple: *ik spreek*, je parle; *gy zingt*, tu chantes; etc.

Règle générale. Tous les verbes ont à la seconde et à la troisième personne du présent, un *t* à la fin, par exemple: *gy et hy zegt*, tu dis, il dit; *gy et hy leest*, tu lis, il lit; *gy et hy brandt*, tu brûles, il brûle; *gy et hy bidt*, tu pries, il prie. Sont exceptés *hy is*, il est ; *hy kan*, il peut ; *hy zal* ; *hy mag*, il ose, il lui est permis ; *hy wil*, il veut.

L'imparfait marque une action qui est simplement commencée, par exemple : *hy sliep*, il dormait, *ik las*, je lisais; *toen ik hem prees, lachte hy*, lorsque je le louais, il riait ; etc. Dans les verbes irréguliers simples, (*de ongelykvloeyende werk-woorden*), ce temps est formé en changeant la voyelle radicale (*den wortelklinker*) de différentes manières; par exemple : *lezen*, lire ; imparfait, *ik las*, je lisais; *stryken*, frotter, imparfait, *ik streek*, je frottais; *vinden*, trouver, imparfait, *ik vond*, je trouvais; et dans les verbes réguliers en ajoutant la syllabe *de* ou *te* à la fin de la première personne du présent. Exemple : *krabben*, gratter; le présent, *ik krab*, je gratte, l'imparfait, *ik krabde*; *zagen*, scier ; *ik zaeg*, je scie; *ik zaegde*, je sciais; *leven*, vivre; *ik leef*, je vis; *ik leefde*, je vivais; *blaffen*, aboyer; *ik blaf*, j'aboie; *ik blafte*, j'aboyais; *schrikken*, s'effrayer; *ik schrik*, je m'effraie; *ik schrikte*, je m'effrayais; *lagchen*, rire; *ik lach*, je ris; *ik lachte*, je riais, etc. La deuxième personne a toujours un *t* à la fin, comme : *gy greept*, tu prenais, *gy krabdet*, tu grattais; *gy schriktet*, tu t'effrayais; etc. Quand le verbe a un *t* à l'infinitif, il ne faut qu'un *t* à la fin de la seconde personne de l'imparfait, comme : *sluyten*, fermer; l'imparfait, *gy sloot*, tu fermais; *smyten*, jeter, *gy smeet*, tu jetais; etc. L'usage veut que l'*a* bref dans la première personne de l'imparfait soit suivi d'un *e* dans la seconde personne, comme : *ik gaf, gy gaeft*, tu donnais; *ik las, gy laest*, tu lisais, *ik nam, gy naemt*, tu prenais, *ik at, gy aet*, tu mangeais; *ik lag, gy laegt*, tu couchais; etc. La première et la troisième personne, qui ne diffèrent pas, n'ont jamais un *t* à la fin, à moins que le verbe n'en ait un dans l'infinitif. Exemples, sans *t* ; *ik had, hy had*, j'avais, il avait; *ik las, hy las*, je lisais; *ik leefde, hy leefde*, je vivais ; *ik brandde, hy brandde,* je brûlais, etc.; avec *t: ik at, hy at,* je mangeais, il mangeait, etc.; *ik zat, hy zat,* j'étais assis; *ik sloot, hy sloot,* je fermais, etc.; parce que l'infinitif de ces verbes a un *t: eten,* manger; *zitten,* être assis; *sluyten,* fermer, etc. Sont exceptés de cette règle générale les verbes irréguliers, *plegen,* être accoutumé; *brengen,* porter; *denken,* penser; *mogen,* être permis, pouvoir, oser; *zoeken,* chercher; *koopen,* acheter; et *dunken,* sembler, qui ont tous un *t,* tant dans la première, que dans la troisième personne de l'imparfait, *ik, hy plagt; ik, hy bragt; ik, hy mogt; ik, hy zocht; ik, hy kocht; my, hem dacht,* il me semblait, il lui semblait.

Le *parfait* ou le *passé indéfini,* représente une chose comme entièrement terminée, au moment où l'on parle, comme : *ik heb bemind,* j'ai aimé; *gy hebt gediend,* tu as servi; *wy hebben, geslapen,* nous avons dormi; *zy zyn gestorven,* ils sont morts, etc.

Le *plus-que-parfait* fait entendre qu'une chose est entièrement passée, quand une autre commence, par exemple : *ik had bemind,* j'avais aimé; *gy hadt gediend,* tu avais servi, *wy hadden geslapen,* nous avions dormi; *zy waren gestorven,* ils étaient morts; *ik had mynen brief geschreven, toen zy kwamen,* j'avais écrit ma lettre lorsqu'ils vinrent; etc.

Le *futur* fait entendre qu'une chose arrivera : il y en a deux : le premier et le second ou futur passé. Le *premier* indique simplement qu'une chose, au moment où l'on parle, est future ou arrivera, comme : *ik zal spreken,* je parlerai; *zy zullen sterven,* ils mourront; etc. Le *second* ou le *futur passé* exprime qu'une chose est à venir au moment où l'on parle, mais qu'elle sera passée au moment dont on parle, comme : *ik zal geprezen hebben,* j'aurai loué; *zy zullen gestorven zyn,* ils seront morts; etc.

EXEMPLES DE CONJUGAISONS.

Le verbe auxiliaire HEBBEN, AVOIR.

INFINITIF.

PRÉSENT.

Hebben, avoir.

PASSÉ.

Gehad hebben, avoir eu.

FUTUR.

Te zullen hebben, devoir avoir.

Il n'y a pas en français de terme qui rende précisément ce temps, on peut l'exprimer par le présent de l'infinitif ou par la conjonction *que*, suivie du futur de l'indicatif. Exemple, *wy hopen wel haest den vrede te zullen hebben*, nous espérons avoir bientôt la paix, ou que nous aurons bientôt la paix.

PARTICIPES.

PRÉSENT.

Hebbende, ayant.

PASSÉ.

Gehad hebbende, ayant eu.

FUTUR.

Zullende hebben, devant avoir.

Il n'y a également pas de terme français qui puisse bien rendre ce temps : il faut une périphrase, Exemple : *myn werk verrigt zullende hebben, zal ik uytgaen*, lorsque j'aurai achevé, ou après avoir achevé, ou ayant achevé mon travail, je sortirai.

INDICATIF.

PRÉSENT.

Ik heb, j'ai.
Gy hebt, tu as.
Hy heeft, il a.
Wy hebben, nous avons.
Gy hebt, vous avez.
Zy hebben, ils ont.

IMPARFAIT.

Ik had, j'avais.
Gy hadt, tu avais.
Hy had, il avait.
Wy hadden, nous avions.
Gy hadt, vous aviez.
Zy hadden, ils avaient.

PASSÉ INDÉFINI.

Ik heb gehad, j'ai eu.
Gy hebt gehad, tu as eu.
Hy heeft gehad, il a eu.
Wy hebben gehad, nous avons eu.
Gy hebt gehad, vous avez eu.
Zy hebben gehad, ils ont eu.

PLUS-QUE-PARFAIT.

Ik had gehad, j'avais eu.
Gy hadt gehad, tu avais eu.
Hy had gehad, il avait eu.
Wy hadden gehad, nous avions eu.
Gy hadt gehad, vous aviez eu.
Zy hadden gehad, ils avaient eu.

FUTUR.

Ik zal hebben, j'aurai.
Gy zult hebben, tu auras.
Hy zal hebben, il aura.
Wy zullen hebben, nous aurons.
Gy zult hebben, vous aurez.
Zy zullen hebben, ils auront.

FUTUR ANTÉRIEUR.

Ik zal gehad hebben, j'aurai eu.
Gy zult gehad hebben, tu auras eu.
Hy zal gehad hebben, il aura eu.
Wy zullen gehad hebben, nous aurons eu.
Gy zult gehad hebben, vous aurez eu.
Zy zullen gehad hebben, ils auront eu.

CONDITIONNEL.

PRÉSENT.

Ik zoude hebben, j'aurais.
Gy zoudet hebben, tu aurais.
Hy zoude hebben, il aurait.
Wy zouden hebben, nous aurions.
Gy zoudet hebben, vous auriez.

Zy zouden hebben, ils auraient.

PASSÉ.

Ik zoude gehad hebben, j'aurais eu.
Gy zoudet gehad hebben, tu aurais eu.
Hy zoude gehad hebben, il aurait eu.
Wy zouden gehad hebben, nous aurions eu.
Gy zoudet gehad hebben, vous auriez eu.
Zy zouden gehad hebben, ils auraient eu.

IMPÉRATIF.

Heb, aie.
Hebt, ayez.

SUBJONCTIF.

PRÉSENT.

Dat *ik hebbe*, que j'aie.
Dat *gy hebbet*, que tu aies.
Dat *hy hebbe*, qu'il ait.
Dat *wy hebben*, que nous ayons.
Dat *gy hebbet*, que vous ayez.
Dat *zy hebben*, qu'ils aient.

IMPARFAIT.

Dat *ik hadde*, que j'eusse.
Dat *gy haddet*, que tu eusses.
Dat *hy hadde*, qu'il eût.
Dat *wy hadden*, que nous eussions.
Dat *gy haddet*, que vous eussiez.
Dat *zy hadden*, qu'ils eussent.

PASSÉ.

Dat *ik hebbe gehad*, que j'aie eu.
Dat *gy hebbet gehad*, que tu aies eu.
Dat *hy hebbe gehad*, qu'il ait eu.
Dat *wy hebben gehad*, que nous ayons eu.
Dat *gy hebbet gehad*, que vous ayez eu.
Dat *zy hebben gehad*, qu'ils aient eu.

PLUS-QUE-PARFAIT.

Dat *ik hadde gehad*, que j'eusse eu.
Dat *gy haddet gehad*, que tu eusses eu.
Dat *hy hadde gehad*, qu'il eût eu.
Dat *wy hadden gehad*, que nous eussions eu.
Dat *gy haddet gehad*, que vous eussiez eu.
Dat *zy hadden gehad*, qu'ils eussent eu.

Du verbe auxiliaire ZULLEN, qui sert pour exprimer le futur, on n'emploie que ce qui suit :

INFINITIF.

Te zullen, ne peut se rendre en français, non plus que les autres parties de ce verbe.

PARTICIPE.

Zullende.

INDICATIF.

Ik zal.
Gy zult.
Hy zal.
Wy zullen.
Gy zult.
Zy zullen.
} Termes pour exprimer le futur.

CONDITIONNEL.

Ik zoude.
Gy zoudet.
Hy zoude.
Wy zouden.
Gy zoudet.
Zy zouden.
} Termes pour exprimer le conditionnel.

Le verbe auxiliaire ZYN, ÊTRE.

INFINITIF.

PRÉSENT.

Zyn ou wezen, être.

PASSÉ.

Geweest zyn, avoir été.

FUTUR.

Te zullen zyn ou wezen, devoir être.

Ce mode ne peut également être bien rendu en français : pour l'exprimer, on se sert du présent de l'infinitif ; par exemple : *ik hoop gelukkig in myne ondernemingen te zullen zyn*, j'espère être heureux dans mes entreprises.

PARTICIPES.

PRÉSENT.

Zynde, ou *wezende*, étant.

PASSÉ.

Geweest zynde, ayant été.

FUTUR.

Zullende zyn ou *wezen*, devant être.

On ne rend pas bien ce mode en français ; on se sert d'une périphrase.

INDICATIF.

PRÉSENT.

Ik ben, je suis.
Gy zyt, tu es.
Hy is, il est.
Wy zyn, nous sommes.
Gy zyt, vous êtes.
Zy zyn, ils sont.

IMPARFAIT.

Ik was, j'étais.
Gy waert, tu étais.
Hy was, il était.
Wy waren, nous étions.
Gy waert, vous étiez.
Zy waren, ils étaient.

PASSÉ INDÉFINI.

Ik ben geweest, j'ai été.
Gy zyt geweest, tu as été.
Hy is geweest, il a été.
Wy zyn geweest, nous avons été.
Gy zyt geweest, vous avez été.
Zy zyn geweest, ils ont été.

PLUS-QUE-PARFAIT.

Ik was geweest, j'avais été.
Gy waert geweest, tu avais été.
Hy was geweest, il avait été.
Wy waren geweest, nous avions été.
Gy waert geweest, vous aviez été.
Zy waren geweest, ils avaient été.

FUTUR.

Ik zal zyn, je serai.
Gy zult zyn, tu seras.
Hy zal zyn, il sera.
Wy zullen zyn, nous serons.
Gy zult zyn, vous serez.
Zy zullen zyn, ils seront.

FUTUR-ANTÉRIEUR.

Il zal geweest zyn, j'aurai été.

Gy zult geweest zyn, tu auras été.
Hy zal geweest zyn, il aura été.
Wy zullen geweest zyn, nous aurons été.
Gy zult geweest zyn, vous auriez été.
Gy zullen geweest zyn, ils auront été.

CONDITIONNEL.

PRÉSENT.

Ik zoude zyn, je serais.
Gy zoudet zyn, tu serais.
Hy zoude zyn, il serait.
Wy zouden zyn, nous serions.
Gy zoudet zyn, vous seriez.
Zy zouden zyn, ils seraient.

PASSÉ.

Ik zoude geweest zyn, j'aurais été.
Gy zoudet geweest zyn, tu aurais été.
Hy zoude geweest zyn, il aurait été.
Wy zouden geweest zyn, nous aurions été.
Gy zoudet geweest zyn, vous auriez été.
Zy zouden geweest zyn, ils auraient été.

IMPÉRATIF.

Zy, wees, sois.
Zyt, weest, soyez

SUBJONCTIF.

PRÉSENT.

Dat ik zy, que je sois.
Dat gy zyt, que tu sois.
Dat hy zy, qu'il soit.
Dat wy zyn, que nous soyons.
Dat gy zyt, que vous soyez.
Dat zy zyn, qu'ils soient.

IMPARFAIT.

Dat ik ware, que je fusse.
Dat gy waret, que tu fusses.
Dat hy ware, qu'il fût.
Dat wy waren, que nous fussions.
Dat gy waret, que nous fussiez.
Dat zy waren, qu'ils fussent.

PASSÉ.

Dat ik zy geweest, que j'aie été.
Dat gy zyt geweest, que tu aies été.
Dat hy zy geweest, qu'il ait été.
Dat wy zyn geweest, que nous ayons été.
Dat gy zyt geweest, que vous ayez été.
Dat zy zyn geweest, qu'ils aient été.

PLUS-QUE-PARFAIT.

Dat *ik* ware geeweest, que j'eusse été.

Dat *gy* waret geweest, que tu eusses été.

Dat *hy* ware geweest, qu'il eût été.

Dat *w* waren geweest, que nous eussions été.

Dat *gy* waret geweest, que vous eussiez été.

Dat *zy* waren geweest, qu'ils eussent été.

Le verbe auxiliaire WORDEN.

DEVENIR, ÊTRE (1).

INFINITIF.

PRÉSENT.

Worden, devenir, être.

PASSÉ.

Geworden zyn, être devenu.

FUTUR.

Te zullen worden, devoir devenir.

PARTICIPES.

PRÉSENT.

Wordende, devenant.

PASSÉ.

Geworden zynde, étant devenu

FUTUR.

Zullende worden, devant devenir.

---

(1) Lorsque ce verbe est employé comme auxiliaire d'un autre verbe, on le rend en français par le verbe auxiliaire *être*, par exemple : *bemind worden*, être aimé ; *ik word bemind*, je suis aimé ; mais il faut le traduire par *devenir*, quand au lieu d'un participe, il a un adjectif ou quelquefois un substantif avec lui, par exemple : *ryk worden*, devenir riche ; *ik word ryk*, je deviens riche ; *ik ben gelukkig geworden*, je suis devenu heureux : *hy zal Koning worden*, deviendra Roi.

INDICATIF.

PRÉSENT.

Ik word, je deviens.
Gy wordt, tu deviens.
Hy wordt, il devient.
Wy worden, nous devenons.
Gy wordt, vous devenez.
Zy worden, il deviennent.

IMPARFAIT.

Ik werd ou *wierd*, je devenais.
Gy werdt, wierdt, tu devenais.
Hy werd, wierd, il devenait.
Wy werden, wierden, nous devenions.
Gy werdt, wierdt vous deveniez.
Zy werden, wierden, ils devenaient.

PASSÉ

INDÉFINI.

Ik ben geworden, je suis devenu.
Gy zyt geworden, tu es devenu.
Hy is geworden, il est devenu.
Wy zyn geworden, nous sommes devenus.
Gy zyt geworden, vous êtes devenus.
Zy zyn geworden, ils sont devenus.

PLUS-QUE-PARFAIT.

Ik was geworden, j'étais devenu.
Gy waert geworden, tu étais devenu.
Hy was geworden, il était devenu.
Wy waren geworden, nous étions devenus.
Gy waert geworden, vous étiez devenus.
Zy waren geworden, ils étaient devenus.

FUTUR.

Ik zal worden, je deviendrai.
Gy zult worden, tu deviendras.
Hy zal worden, il deviendra.
Wy zullen worden, nous deviendrons.
Gy zult worden, vous deviendrez.
Zy zullen worden, ils deviendront.

FUTUR-ANTÉRIEUR.

Ik zal geworden zyn, je serai devenu.
Gy zult geworden zyn, tu seras devenu.
Hy zal geworden zyn, il sera devenu.

Wy zullen geworden zyn, nous serons devenus.
Gy zult geworden zyn, vous serez devenus.
Zy zullen geworden zyn, ils seront devenus.

CONDITIONNEL.

PRÉSENT.

Ik zoude worden, je deviendrais.
Gy zoudet worden, tu deviendrais.
Hy zoude worden, il deviendrait.
Wy zouden worden, nous deviendrions.
Gy zoudet worden, vous deviendriez.
Zy zouden worden, ils deviendraient.

PASSÉ.

Ik zoude geworden zyn, je serais devenu.
Gy zoudet geworden zyn, tu serais devenu.
Hy zoude geworden zyn, il serait devenu.
Wy zouden geworden zyn, nous serions devenus.
Gy zoudet geworden zyn, vous seriez devenus.
Zy zouden geworden zyn, ils seraient devenus

IMPÉRATIF.

Word, deviens.
Wordt, devenez.

SUBJONCTIF.

PRÉSENT.

Dat ik worde, que je devienne.
Dat gy wordet, que tu deviennes.
Dat hy worde, qu'il devienne.
Dat wy worden, que nous devenions.
Dat gy wordet, que vous deveniez.
Dat zy worden, qu'ils deviennent.

IMPARFAIT.

Dat ik wierde, que je devinsse.
Dat gy wierdet, que tu devinsses.
Dat hy wierde, qu'il devînt.
Dat wy wierden, que nous devinssions.
Dat gy wierdet, que vous devinssiez.
Dat zy wierden, qu'ils devinssent.

PASSÉ.

Dat ik zy geworden, que je sois devenu.

FLAMANDE-FRANÇAISE. 83

Dat *gy zyt geworden*, que tu sois devenu.
Dat *hy zy geworden*, qu'il soit devenu.
Dat *wy zyn geworden*, que nous soyons devenus.
Dat *gy zyt geworden*, que vous soyez devenus.
Dat *zy zyn geworden*, qu'ils soient devenus.

PLUS-QUE-PARFAIT.

Dat *ik ware geworden*, que je fusse devenu.
Dat *gy waret geworden*, que tu fusses devenu.
Dat *hy ware geworden*, qu'il fût devenu.
Dat *wy waren geworden*, que nous fussions devenus.
Dat *gy waret geworden*, que vous fussiez devenus.
Dat *zy waren geworden*, qu'ils fussent devenus.

CONJUGAISON DU VERBE ACTIF.

BEMINNEN, AIMER.

ONBEPAELDE WYS.

Beminnen.

TEGENWOORDIG DEELWOORD.

Beminnende.

VERLEDEN DEELWOORD.

Bemind.

AENTOONENDE WYS.

TEGENWOORDIGEN TYD.

Ik bemin.
Gy bemint.

INFINITIF.

Aimer.

PARTICIPE PRÉSENT.

Aimant.

PARTICIPE PASSÉ.

Aimé.

INDICATIF.

PRÉSENT.

J'aime.
Tu aimes.

6

Hy bemint.   Il aime.
Wy beminnen.   Nous aimons.
Gy bemint.   Vous aimez.
Zy beminnen.   Ils aiment.

EERSTEN VERLEDENEN TYD.   IMPARFAIT.

Ik beminde.   J'aimais.
Gy bemindet.   Tu aimais.
Hy beminde.   Il aimait.
Wy beminden.   Nous aimions.
Gy bemindet.   Vous aimiez.
Zy beminden.   Ils aimaient.

TWEEDEN VERLEDENEN TYD.   PASSÉ INDÉFINI.

Ik heb bemind.   J'ai aimé.
Gy hebt bemind.   Tu as aimé.
Hy heeft bemind.   Il a aimé.
Wy hebben bemind.   Nous avons aimé.
Gy hebt bemind.   Vous avez aimé.
Zy hebben bemind.   Ils ont aimé.

DERDEN VERLEDENEN TYD.   PLUS-QUE-PARFAIT.

Ik had bemind.   J'avais aimé.
Gy hadt bemind   Tu avais aimé.
Hy had bemind.   Il avait aimé.
Wy hadden bemind.   Nous avions aimé.
Gy hadt bemind.   Vous aviez aimé.
Zy hadden bemind.   Ils avaient aimé.

EERSTEN TOEKOMENDEN TYD.   FUTUR.

Ik zal beminnen.   J'aimerai.
Gy zult beminnen.   Tu aimeras.
Hy zal beminnen.   Il aimera.
Wy zullen beminnen.   Nous aimerons.

Gy zult beminnen.　Vous aimerez.
Zy zullen beminnen.　Ils aimeront.

TWEEDEN TOEKOMENDEN TYD.　**FUTUR-ANTÉRIEUR.**

Ik zal bemind hebben.　J'aurai aimé.
Gy zult bemind hebben.　Tu auras aimé.
Hy zal bemind hebben.　Il aura aimé.
Wy zullen bemind hebben.　Nous aurons aimé.
Gy zult bemind hebben.　Vous aurez aimé.
Zy zullen bemind hebben.　Ils auront aimé.

VOORWAERDELYKE WYS.　**CONDITIONNEL.**

TEGENWOORDIGEN TYD.　**PRÉSENT.**

Ik zoude beminnen.　J'aimerais.
Gy zoudet beminnen.　Tu aimerais.
Hy zoude beminnen.　Il aimerait.
Wy zouden beminnen.　Nous aimerions.
Gy zoudet beminnen.　Vous aimeriez.
Zy zouden beminnen.　Ils aimeraient.

On peut dire aussi : dat ik beminnen zoude, *etc.*

VERLEDENEN TYD.　**PASSÉ.**

Ik zoude bemind hebben.　J'aurais aimé.
Gy zoudet bemind hebben.　Tu aurais aimé.
Hy zoude bemind hebben.　Il aurait aimé.
Wy zouden bemind hebben.　Nous aurions aimé.
Gy zoudet bemind hebben.　Vous auriez aimé.
Zy zouden bemind hebben.　Ils auraient aimé.

On peut dire aussi : dat ik bemind zoude hebben, *etc.*

GEBIEDENDE WYS.　**IMPÉRATIF.**

Bemin.　Aime.
Bemint.　Aimez.

AENVOEGENDE WYS. — SUBJONCTIF.

TEGENWOORDIGEN TYD. — PRÉSENT.

Dat ik beminne. — Que j'aime.
Dat gy beminnet. — Que tu aimes.
Dat hy beminne. — Qu'il aime.
Dat wy beminnen. — Que nous aimions.
Dat gy beminnet. — Que vous aimiez.
Dat zy beminnen. — Qu'ils aiment.

EERSTEN VERLEDENEN TYD. — IMPARFAIT.

Dat ik beminde. — Que j'aimasse.
Dat gy bemindet. — Que tu aimasses.
Dat hy beminde. — Qu'il aimât.
Dat wy beminden. — Que nous aimassions.
Dat gy bemindet. — Que vous aimassiez.
Dat zy beminden. — Qu'ils aimassent.

TWEEDEN VERLEDENEN TYD. — PASSÉ.

Dat ik hebbe bemind. — Que j'aie aimé.
Dat gy hebbet bemind. — Que tu aies aimé.
Dat hy hebbe bemind. — Qu'il ait aimé.
Dat wy hebben bemind. — Que nous ayons aimé.
Dat gy hebbet bemind. — Que vous ayez aimé.
Dat zy hebben bemind. — Qu'ils aient aimé.

On peut dire aussi : dat ik bemind hebbe, *etc.*

DERDEN VERLEDENEN TYD. — PLUS-QUE-PARFAIT.

Dat ik hadde bemind. — Que j'eusse aimé.
Dat gy haddet bemind. — Que tu eusses aimé.
Dat hy hadde bemind. — Qu'il eût aimé.

Dat wy hadden bemind.	Que nous eussions aimé.
Dat gy haddet bemind.	Que vous eussiez aimé.
Dat zy hadden bemind.	Qu'ils eussent aimé.

On peut dire aussi : dat ik bemind hadde, *etc.*

Voici la conjugaison d'un verbe *radical régulier*, pris parmi ceux qui conservent la voyelle au participe passé, mais qui changent à l'imparfait en *a*.

CONJUGAISON DU VERBE ACTIF.

LEZEN, LIRE.

ONBEPAELDE WYS.	**INFINITIF.**
Lezen.	Lire.
TEGENWOORDIG DEELWOORD.	**PARTICIPE PRÉSENT.**
Lezende.	Lisant.
VERLEDEN DEELWOORD.	**PARTICIPE PASSÉ.**
Gelezen.	Lu.

AENTOONENDE WYS.   INDICATIF.

TEGENWOORDIGEN TYD.	**PRÉSENT.**
Ik lees.	Je lis.
Gy leest.	Tu lis.
Hy leest.	Il lit.
Wy lezen.	Nous lisons.
Gy leest.	Vous lisez.
Zy lezen.	Ils lisent.

GRAMMAIRE

EERSTEN VERLEDENEN TYD.　　IMPARFAIT.

Ik las,　　Je lisais.
Gy laest.　　Tu lisais.
Hy las.　　Il lisait.
Wy lazen.　　Nous lisions.
Gy laest.　　Vous lisiez.
Zy lazen.　　Ils lisaient.

TWEEDEN VERLEDENEN TYD.　　PASSÉ INDÉFINI.

Ik heb gelezen.　　J'ai lu.
Gy hebt gelezen.　　Tu as lu.
Hy heeft gelezen.　　Il a lu.
Wy hebben gelezen.　　Nous avons lu.
Gy hebt gelezen.　　Vous avez lu.
Zy hebben gelezen.　　Ils ont lu.

DERDEN VERLEDENEN TYD.　　PLUS-QUE-PARFAIT.

Ik had gelezen.　　J'avais lu.
Gy hadt gelezen.　　Tu avais lu.
Hy had gelezen.　　Il avait lu.
Wy hadden gelezen.　　Nous avions lu.
Gy hadt gelezen.　　Vous aviez lu.
Zy hadden gelezen.　　Ils avaient lu.

EERSTEN TOEKOMENDEN TYD.　　FUTUR.

Ik zal lezen.　　Je lirai.
Gy zult lezen.　　Tu liras.
Hy zal lezen.　　Il lira.
Wy zullen lezen.　　Nous lirons.
Gy zult lezen.　　Vous lirez.
Zy zullen lezen.　　Ils liront.

TWEEDEN TOEKOMENDEN TYD.　　FUTUR ANTÉRIEUR.

Ik zal gelezen hebben.　　J'aurai lu.

Gy zult gelezen hebben. Tu auras lu.
Hy zal gelezen hebben. Il aura lu.
Wy zullen gelezen hebben. Nous aurons lu.
Gy zult gelezen hebben. Vous aurez lu.
Zy zullen gelezen hebben. Ils auront lu.

VOORWAERDELYKE WYS.
TEGENWOORDIGEN TYD.

CONDITIONNEL.
PRÉSENT

Ik zoude lezen. Je lirais.
Gy zoudet lezen. Tu lirais.
Hy zoude lezen. Il lirait.
Wy zouden lezen. Nous lirions.
Gy zoudet lezen. Vous liriez.
Zy zouden lezen. Ils liraient.

On peut dire aussi : **dat ik lezen zoude**, *etc.*

VERLEDENEN TYD.
PASSÉ.

Ik zoude gelezen hebben. J'aurais lu.
Gy zoudet gelezen hebben. Tu aurais lu.
Hy zoude gelezen hebben. Il aurait lu.
Wy zouden gelezen hebben. Nous aurions lu.
Gy zoudet gelezen hebben. Vous auriez lu.
Zy zouden gelezen hebben. Ils auraient lu.

On peut dire aussi : **dat ik gelezen zoude hebben**, *etc.*

GEBIEDENDE WYS.
IMPÉRATIF.

Lees. Lis.
Leest. Lisez.

AENVOEGENDE WYS.
SUBJONCTIF.

TEGENWOORDIGEN TYD.
PRÉSENT.

Dat ik leze. Que je lise.

Dat gy lezet.
Dat hy leze,
Dat wy lezen.
Dat gy lezet.
Dat zy lezen.

Que tu lises.
Qu'il lise.
Que nous lisions.
Que vous lisiez.
Qu'ils lisent.

EERSTEN VERLEDENEN TYD. **IMPARFAIT.**

Dat ik laze.
Das gy lazet.
Dat hy laze.
Dat wy lazen.
Dat gy lazet.
Dat zy lazen.

Que je lusse.
Que tu lusses.
Qu'il lût.
Que nous lussions.
Que vous lussiez.
Qu'ils lussent.

TWEEDEN VERLEDENEN TYD. **PASSÉ.**

Dat ik hebbe gelezen.
Dat gy hebbet gelezen.
Dat hy hebbe gelezen.
Dat wy hebben gelezen.
Dat gy hebbet gelezen.
Dat zy hebben gelezen.

Que j'aie lu.
Que tu aies lu.
Qu'il ait lu.
Que nous ayons lu.
Que vous ayez lu.
Qu'ils aient lu.

On peut dire aussi : dat ik gelezen hebbe, *etc.*

DERDEN VERLEDENEN TYD. **PLUS-QUE-PARFAIT.**

Dat ik hadde gelezen.
Dat gy haddet gelezen.
Dat hy hadde gelezen.
Dat wy hadden gelezen.
Dat gy haddet gelezen.
Dat zy hadden gelezen.

Que j'eusse lu.
Que tu eusses lu.
Qu'il eût lu.
Que nous eussions lu.
Que vous eussiez lu.
Qu'ils eussent lu.

On peut dire aussi : dat ik gelezen hadde, *etc.*

VERBES PASSIFS.

Comme on appelle actif, tout sujet d'où émane une action transitive, on nomme de même passif, tout sujet qui n'agit pas, mais qui subit l'action d'un autre. Les verbes actifs peuvent donc prendre la forme passive, et alors c'est l'objet du verbe qui est actif. La conjugaison flamande cependant n'admet de forme passive proprement dite, qu'au moyen de l'auxiliaire *worden*. C'est cet auxiliaire qui se conjugue dans tous ses temps, accompagné du participe passé d'un verbe; et l'on voit par là que le participe passé d'un verbe est tantôt actif, et tantôt passif, et aussi positif, d'après l'auxiliaire dont il est accompagné.

Dans l'exemple: *de ouders worden door hun deugdzaem kind geëerbiedigd*, les parens sont respectés par leur enfant vertueux; la forme du verbe est passive. Le substantif *ouders*, qui était l'objet passif de la phrase : *een deugdzaem kind eerbiedigt zyne ouders*, est ici le sujet passif de l'action *worden geëerbiedigd*, dont *kind* est l'objet actif.

CONJUGAISON DU VERBE PASSIF.

GEDRUKT WORDEN, ÊTRE PRESSÉ.

INFINITIF.

PRÉSENT.

Gedrukt worden, être pressé.

PASSÉ.

Gedrukt geworden zyn, avoir été pressé.

FUTUR.

Gedrukt te zullen worden, devoir être pressé.

PARTICIPES.

PRÉSENT.

Gedrukt worden, étant pressé.

PASSÉ.

Gedrukt geworden zynde, ayant été pressé.

FUTUR.

Gedrukt zullende worden, devant être pressé.

INDICATIF.
PRÉSENT.

Ik word gedrukt, je suis pressé.
Gy wordt gedrukt, tu es pressé.
Hy wordt gedrukt, il est pressé.
Wy worden gedrukt, nous sommes pressés.
Gy wordt gedrukt, vous êtes pressés.
Zy worden gedrukt, ils sont pressés.

IMPARFAIT.

Ik werd ou *wierd gedrukt*, j'étais pressé.
Gy werdt ou *wierdt gedrukt*, tu étais pressé.
Hy werd ou *wierd gedrukt*, il était pressé.
Wy werden ou *wierden gedrukt*, nous étions pressés.
Gy werdt ou *wierdt gedrukt*, vous étiez pressés.
Zy werden ou *wierden gedrukt*, ils étaient pressés.

PASSÉ-INDÉFINI.

Ik ben gedrukt geworden ou *geweest*, j'ai été pressé.
Gy zyt gedrukt geworden ou *geweest*, tu as été pressé.
Hy is gedrukt geworden ou *geweest*, il a été pressé.
Wy zyn gedrukt geworden ou *geweest*, nous avons été pressés.
Gy zyt gedrukt geworden ou *geweest*, vous avez été pressés.
Zy zyn gedrukt geworden ou *geweest*, ils ont été pressés.

PLUS-QUE-PARFAIT.

Ik was gedrukt geworden ou *geweest*, j'avais été pressé.
Gy waert gedrukt geworden ou *geweest*, tu avais été pressé.
Hy was gedrukt geworden ou *geweest*, il avait été pressé.
Wy waren gedrukt geworden ou *geweest*, nous avions été pressés.

Gy waert gedrukt geworden ou *geweest*, vous aviez été pressés.
Zy waren gedrukt geworden ou *geweest*, ils avaient été pressés.

FUTUR.

Ik zal gedrukt worden, je serai pressé.
Gy zult gedrukt worden, tu seras pressé.
Hy zal gedrukt worden, il sera pressé.
Wy zullen gedrukt worden, nous serons pressés.
Gy zult gedrukt worden, vous serez pressés.
Zy zullen gedrukt worden, ils seront pressés

FUTUR ANTÉRIEUR.

Ik zal gedrukt geworden zyn ou *geweest zyn*, j'aurai été pressé.
Gy zult gedrukt geworden zyn ou *geweest zyn*, tu auras été pressé.
Hy zal gedrukt geworden zyn ou *geweest zyn*, il aura été pressé.
Wy zullen gedrukt geworden zyn ou *geweest zyn*, nous aurons été pressés.
Gy zult gedrukt geworden zyn ou *geweest zyn*, vous aurez été pressés.

Zy zullen gedrukt geworden zyn ou *geweest zyn*, ils auront été pressés.

CONDITIONNEL.

PRÉSENT.

Ik zoude gedrukt worden, je serais pressé.
Gy zoudet gedrukt worden, tu serais pressé.
Hy zoude gedrukt worden, il serait pressé.
Wy zouden gedrukt worden, nous serions pressés.
Gy zoudet gedrukt worden, vous seriez pressés.
Zy zouden gedrukt worden, ils seraient pressés.

PASSÉ.

Ik zoude gedrukt geworden zyn ou *geweest zyn*, j'aurais été pressé.
Gy zoudet gedrukt geworden zyn ou *geweest zyn*, tu aurais été pressé.
Hy zoude gedrukt geworden zyn ou *geweest zyn*, il aurait été pressé.
Wy zouden gedrukt geworden zyn ou *geweest zyn*, nous aurions été pressés.
Gy zoudet gedrukt geworden zyn ou *geweest zyn*, vous auriez été pressés.
Zy zouden gedrukt geworden

zyn ou *geweest zyn*, ils auraient été pressés.

IMPÉRATIF.

Word gedrukt, sois pressé.
Wordt gedrukt, soyez pressés.

SUBJONCTIF.

PRÉSENT.

Dat *ik gedrukt worde*, que je sois pressé.
Dat *gy gedrukt wordet*, que tu sois pressé.
Dat *hy gedrukt worde*, qu'il soit pressé.
Dat *wy gedrukt worden*, que nous soyons pressés.
Dat *gy gedrukt wordet*, que vous soyez pressés.
Dat *zy gedrukt worden*, qu'ils soient pressés.

IMPARFAIT.

Dat *ik gedrukt wierde*, que je fusse pressé.
Dat *gy gedrukt wierdet*, que tu fusses pressé.
Dat *hy gedrukt wierde*, qu'il fût pressé.
Dat *wy gedrukt wierden*, que nous fussions pressés.
Dat *gy gedrukt wierdet*, que vous fussiez pressés.
Dat *zy gedrukt wierden*, qu'ils fussent pressés.

PASSÉ.

Dat *ik gedrukt geworden zy* ou *geweest zy*, que j'aie été pressé.
Dat *gy gedrukt geworden zyt*, ou *geweest zyt*, que tu aies été pressé.
Dat *hy gedrukt geworden zy* ou *geweest zy*, qu'il ait été pressé.
Dat *wy gedrukt geworden zyn* ou *geweest zyn*, que nous ayons été pressés.
Dat *gy gedrukt geworden zyt* ou *geweest zyt*, que vous ayez été pressés.
Dat *zy gedrukt geworden zyn* ou *geweest zyn*, qu'ils aient été pressés.

PLUS-QUE-PARFAIT.

Dat *ik gedrukt geworden ware* ou *geweest ware*, que j'eusse été pressé.
Dat *gy gedrukt geworden waret* ou *geweest waret*, que tu eusses été pressé.
Dat *hy gedrukt geworden ware* ou *geweest ware*, qu'il eût été pressé.
Dat *wy gedrukt geworden waren*, ou *geweest waren*, que nous eussions été pressés.
Dat *gy gedrukt geworden waret*, ou *geweest waret*, que vous eussiez été pressés.
Dat *zy gedrukt geworden waren*, ou *geweest waren*, qu'ils eussent été pressés.

Le verbe irrégulier GEVEN, DONNER.

INFINITIF.

PRÉSENT.

Geven, donner.

PASSÉ.

Gegeven hebben, avoir donné.

FUTUR.

Te zullen geven, devoir donner.

PARTICIPES.

PRÉSENT.

Gevende, donnant.

PASSÉ.

Gegeven hebbende, ayant donné.

FUTUR.

Zullende geven, devant donner.

INDICATIF.

PRÉSENT.

Ik geef, je donne.
Gy geeft, tu donnes.
Hy geeft, il donne.
Wy geven, nous donnons.
Gy geeft, vous donnez.
Zy geven, ils donnent.

IMPARFAIT.

Ik gaf, je donnais.
Gy gaeft, tu donnais.
Hy gaf, il donnait.
Wy gaven, nous donnions.
Gy gaeft, vous donniez.
Zy gaven, ils donnaient.

PASSÉ-INDÉFINI.

Ik heb gegeven, j'ai donné.
Gy hebt gegeven, tu as donné.
Hy heeft gegeven, il a donné.
Wy hebben gegeven, nous avons donné.
Gy hebt gegeven, vous avez donné.
Zy hebben gegeven, ils ont donné.

PLUS-QUE-PARFAIT.

Ik had gegeven, j'avais donné.
Gy hadt gegeven, tu avais donné.
Hy had gegeven, il avait donné.
Wy hadden gegeven, nous avions donné.
Gy hadt gegeven, vous aviez donné.

Zy hadden gegeven, ils avaient donné.

FUTUR.

Ik zal geven, je donnerai.
Gy zult geven, tu donneras.
Hy zal geven, il donnera.
Wy zullen geven, nous donnerons.
Gy zult geven, vous donnerez.
Zy zullen geven, ils donneront.

FUTUR-ANTÉRIEUR.

Ik zal gegeven hebben, j'aurai donné.
Gy zult gegeven hebben, tu auras donné.
Hy zal gegeven hebben, il aura donné.
Wy zullen gegeven hebben, nous aurons donné.
Gy zult gegeven hebben, vous aurez donné.
Zy zullen gegeven hebben, ils auront donné.

CONDITIONNEL.

PRÉSENT.

Ik zoude geven, je donnerais.
Gy zoudet geven, tu donnerais.
Hy zoude geven, il donnerait.
Wy zouden geven, nous donnerions.
Gy zoudet geven, vous donneriez.
Zy zouden geven, ils donneraient.

PASSÉ.

Ik zoude gegeven hebben, j'aurais donné.
Gy zoudet gegeven hebben, tu aurais donné.
Hy zoude gegeven hebben, il aurait donné.
Wy zouden gegeven hebben, nous aurions donné.
Gy zoudet gegeven hebben, vous auriez donné.
Zy zouden gegeven hebben, ils auraient donné.

IMPÉRATIF.

Geef, donne.
Geeft, donnez.

SUBJONCTIF.

PRÉSENT.

Dat ik geve, que je donne.
Dat gy gevet, que tu donnes.
Dat hy geve, qu'il donne.
Dat wy geven, que nous donnions.
Dat gy gevet, que vous donniez.
Dat zy geven, qu'ils donnent.

IMPARFAIT.

Dat *ik gave*, que je donnasse.
Dat *gy gavet*, que tu donnasses.
Dat *hy gave*, qu'il donnât.
Dat *wy gaven*, que nous donnassions.
Dat *gy gavet*, que vous donnassiez.
Dat *zy gaven*, qu'ils donnassent.

PASSÉ.

Dat *ik hebbe gegeven*, que j'aie donné.
Dat *gy hebbet gegeven*, que tu aies donné.
Dat *hy hebbe gegeven*, qu'il ait donné.
Dat *wy hebben gegeven*, que nous ayons donné.
Dat *gy hebbet gegeven*, que vous ayez donné.
Dat *zy hebben gegeven*, qu'ils aient donné.

PLUS-QUE-PARFAIT.

Dat *ik hadde gegeven*, que j'eusse donné.
Dat *gy haddet gegeven*, que tu eusses donné.
Dat *hy hadde gegeven*, qu'il eût donné.
Dat *wy hadden gegeven*, que nous eussions donné.
Dat *gy haddet gegeven*, que vous eussiez donné.
Dat *zy hadden gegeven*, qu'ils eussent donné.

Le verbe irrégulier SLAEN, FRAPPER.

INFINITIF.

PRÉSENT.

Slaen, frapper.

PASSÉ.

Geslagen hebben, avoir frappé.

FUTUR.

Te zullen slaen, devoir frapper.

PARTICIPES.

PRÉSENT.

Slaende, frappant.

PASSÉ.

Geslagen hebbende, ayant frappé.

FUTUR.

Zullende slaen, devant frapper.

INDICATIF.

PRÉSENT.

Ik sla, je frappe.
Gy slaet, tu frappes.
Hy slaet, il frappe.
Wy slaen, nous frappons.
Gy slaet, vous frappez.
Zy slaen, ils frappent.

IMPARFAIT.

Ik sloeg, je frappais.
Gy sloegt, tu frappais.
Hy sloeg, il frappait.
Wy sloegen, nous frappions.
Gy sloegt, vous frappiez.
Zy sloegen, ils frappaient.

PASSÉ-INDÉFINI.

Ik heb geslagen, j'ai frappé.
Gy hebt geslagen, tu as frappé.
Hy heeft geslagen, il a frappé.
Wy hebben geslagen, nous avons frappé.
Gy hebt geslagen, vous avez frappé.
Zy hebben geslagen, ils ont frappé.

PLUS-QUE-PARFAIT

Ik had geslagen, j'avais frappé.
Gy hadt geslagen, tu avais frappé.
Hy had geslagen, il avait frappé.
Wy hadden geslagen, nous avions frappé.
Gy hadt geslagen, vous aviez frappé.
Zy hadden geslagen, ils avaient frappé.

FUTUR.

Ik zal slaen, je frapperai.
Gy zult slaen, tu frapperas.
Hy zal slaen, il frappera.
Wy zullen slaen, nous frapperons.
Gy zult slaen, vous frapperez.
Zy zullen slaen, ils frapperont.

FUTUR-ANTÉRIEUR.

Ik zal geslagen hebben, j'aurai frappé.
Gy zult geslagen hebben, tu auras frappé.
Hy zal geslagen hebben, il aura frappé.
Wy zullen geslagen hebben, nous aurons frappé.

Gy zult geslagen hebben, vous aurez frappé.
Zy zullen geslagen hebben, ils auront frappé.

CONDITIONNEL.

PRÉSENT.

Ik zoude slaen, je frapperais.
Gy zoudet slaen, tu frapperais.
Hy zoude slaen, il frapperait.
Wy zouden slaen, nous frapperions.
Gy zoudet slaen, vous frapperiez.
Zy zouden slaen, ils frapperaient.

PASSÉ.

Ik zoude geslagen hebben, j'aurais frappé.
Gy zoudet geslagen hebben, tu aurais frappé.
Hy zoude geslagen hebben, il aurait frappé.
Wy zouden geslagen hebben, nous aurions frappé.
Gy zoudet geslagen hebben, vous auriez frappé.
Zy zouden geslagen hebben, ils auraient frappé.

IMPÉRATIF.

Sla, frappe.
Slaet, frappez.

SUBJONCTIF.

PRÉSENT.

Dat ik sla, que je frappe.
Dat gy slaet, que tu frappes.
Dat hy sla, qu'il frappe.
Dat wy slaen, que nous frappions.
Dat gy slaet, que vous frappiez.
Dat zy slaen, qu'ils frappent.

IMPARFAIT.

Dat ik sloege, que je frappasse.
Dat gy sloeget, que tu frappasses.
Dat hy sloege, qu'il frappât.
Dat wy sloegen, que nous frappassions.
Dat gy sloeget, que vous frappassiez.
Dat zy sloegen, qu'ils frappassent.

PASSÉ.

Dat ik hebbe geslagen, que j'aie frappé.
Dat gy hebbet geslagen, que tu aies frappé.
Dat hy hebbe geslagen, qu'il ait frappé.
Dat wy hebben geslagen, que nous ayons frappé.
Dat gy hebbet geslagen, que vous ayez frappé.
Dat zy hebben geslagen, qu'ils aient frappé.

PLUS-QUE-PARFAIT.

Dat ik hadde geslagen, que j'eusse frappé.

Dat *gy haddet geslagen*, que tu eusses frappé.
Dat *hy hadde geslagen*, qu'il eût frappé.
Dat *wy hadden geslagen*, que nous eussions frappé.
Dat *gy haddet geslagen*, que vous eussiez frappé.
Dat *zy hadden geslagen*, qu'ils eussent frappé.

LE PASSIF se conjugue comme *gedrukt worden*, être pressé. (*Voyez* page 92.)

Le verbe réfléchi ZICH SCHAMEN, AVOIR HONTE.

INFINITIF.

PRÉSENT.

Zich schamen, avoir honte.

PASSÉ.

Zich geschaemd hebben, avoir eu honte.

FUTUR.

Zich te zullen schamen, devoir avoir honte.

PARTICIPES.

PRÉSENT.

Zich schamende, ayant honte.

PASSÉ.

Zich geschaemd hebbende, ayant eu honte.

PASSÉ.

Zich zullende schamen, devant avoir honte.

INDICATIF.

PRÉSENT.

Ik *schaem my*, j'ai honte.
Gy *schaemt u*, tu as honte.
Hy *schaemt zich*, il a honte.
Wy *schamen ons*, nous avons honte.
Gy *schaemt u*, vous avez honte.
Zy *schamen zich*, ils ont honte.

IMPARFAIT.

Ik *schaemde my*, j'avais honte.
Gy *schaemdet u*, tu avais honte.
Hy *schaemde zich*, il avait honte.

FLAMANDE-FRANÇAISE.

Wy schaemden ons, nous avions honte.
Gy schaemdet u, vous aviez honte.
Zy schaemden zich, ils avaient honte.

PASSÉ-INDÉFINI.

Ik heb my geschaemd, j'ai eu honte.
Gy hebt u geschaemd, tu as eu honte.
Hy heeft zich geschaemd, il a eu honte.
Wy hebben ons geschaemd, nous avons eu honte.
Gy hebt u geschaemd, vous avez eu honte.
Zy hebben zich geschaemd, ils ont eu honte.

PLUS-QUE-PARFAIT.

Ik had my geschaemd, j'avais eu honte.
Gy hadt u geschaemd, tu avais eu honte.
Hy had zich geschaemd, il avait eu honte.
Wy hadden ons geschaemd, nous avions eu honte.
Gy hadt u geschaemd, vous aviez eu honte.
Zy hadden zich geschaemd, ils avaient eu honte.

FUTUR.

Ik zal my schamen, j'aurai honte.
Gy zult u schamen, tu auras honte.
Hy zal zich schamen, il aura honte.
Wy zullen ons schamen, nous aurons honte.
Gy zult u schamen, vous aurez honte.
Zy zullen zich schamen, ils auront honte.

FUTUR ANTÉRIEUR.

Ik zal my geschaemd hebben, j'aurai eu honte.
Gy zult u geschaemd hebben, tu auras eu honte.
Hy zal zich geschaemd hebben, il aura eu honte.
Wy zullen ons geschaemd hebben, nous aurons eu honte.
Gy zult u geschaemd hebben, vous aurez eu honte.
Zy zullen zich geschaemd hebben, ils auront eu honte.

CONDITIONNEL.

PRÉSENT.

Ik zoude my schamen, j'aurais honte.
Gy zoudet u schamen, tu aurais honte.
Hy zoude zich schamen, il aurait honte.
Wy zouden ons schamen, nous aurions honte.
Gy zoudet u schamen, vous auriez honte.

Zy zouden zich schamen, ils auraient honte.

PASSÉ.

Ik zoude my geschaemd hebben, j'aurais eu honte.
Gy zoudet u geschaemd hebben, tu aurais eu honte.
Hy zoude zich geschaemd hebben, il aurait eu honte.
Wy zouden ons geschaemd hebben, nous aurions eu honte.
Gy zoudet u geschaemd hebben, vous auriez eu honte.
Zy zouden zich geschaemd hebben, ils auraient eu honte.

IMPÉRATIF.

Schaem u, aie honte.
Schaemt u, ayez honte.

SUBJONCTIF.

PRÉSENT.

Dat ik my schame, que j'aie honte.
Dat gy u schamet, que tu aies honte.
Dat hy zich schame, qu'il ait honte.
Dat wy ons schamen, que nous ayons honte.
Dat gy u schamet, que vous ayez honte.
Dat zy zich schamen, qu'ils aient honte.

IMPARFAIT.

Dat ik my schaemde, que j'eusse honte.
Dat gy u schaemdet, que tu eusses honte.
Dat hy zich schaemde, qu'il eût honte.
Dat wy ons schaemden, que nous eussions honte.
Dat gy u schaemdet, que vous eussiez honte.
Dat zy zich schaemden, qu'ils eussent honte.

PASSÉ.

Dat ik my hebbe geschaemd, que j'aie eu honte.
Dat gy u hebbet geschaemd, que tu aies eu honte.
Dat hy zich hebbe geschaemd, qu'il ait eu honte.
Dat wy ons hebben geschaemd, que nous ayons eu honte.
Dat gy u hebbet geschaemd, que vous ayez eu honte.
Dat zy zich hebben geschaemd, qu'ils aient eu honte.

PLUS-QUE-PARFAIT.

Dat ik my hadde geschaemd, que j'eusse eu honte
Dat gy u haddet geschaemd, que tu eusses eu honte,
Dat hy zich hadde geschaemd, qu'il eût eu honte.
Dat wy ons hadden geschaemd, que nous eussions eu honte.
Dat gy u haddet geschaemd, que vous eussiez eu honte.
Dat zy zich hadden geschaemd, qu'ils eussent eu honte.

Le verbe impersonnel DONDEREN, TONNER.

INFINITIF.

PRÉSENT.

Donderen, tonner.

PASSÉ.

Gedonderd hebben, avoir tonné.

FUTUR.

Te zullen donderen, devoir tonner.

PARTICIPES.

PRÉSENT.

Donderende, tonnant.

PASSÉ.

Gedonderd hebbende, ayant tonné.

FUTUR.

Zullende donderen, devant tonner.

INDICATIF.

PRÉSENT.

Het dondert, il tonne.

IMPARFAIT.

Het donderde, il tonnait.

PASSÉ-INDÉFINI.

Het heeft gedonderd, il a tonné.

PLUS-QUE-PARFAIT.

Het had gedonderd, il avait tonné.

FUTUR.

Het zal donderen, il tonnera.

FUTUR ANTÉRIEUR.

Het zal gedonderd hebben, il aura tonné.

CONDITIONNEL.

PRÉSENT.

Het zoude donderen, il tonnerait.

PASSÉ.

Het zoude gedonderd hebben, il aurait tonné.

IMPÉRATIF.

PRÉSENT.

Laet het donderen, qu'il tonne.

SUBJONCTIF.

PRÉSENT.

Dat het dondere, qu'il tonne

IMPARFAIT.   PLUS-QUE-PARFAIT.

Dat *het donderde*, qu'il ton-   Dat *het hadde gedonderd*,
nât.   qu'il eût tonné.

PASSÉ.

Dat *het hebbe gedonderd*,
qu'il ait tonné.

Le verbe impersonnel BEROUWEN, SE REPENTIR.

INFINITIF.

FUTUR.

Zullende berouwen, devant se repentir.

PRÉSENT.

Berouwen, se repentir.

INDICATIF.

PASSÉ.

PRÉSENT.

Berouwd hebben, s'être repenti.

Het berouwt my, je me repens.
Het berouwt u, tu te repens.
Het berouwt hem, il se repent.

FUTUR.

Te zullen berouwen, devoir se repentir.

Het berouwt ons, nous nous repentons.
Het berouwt u, vous vous repentez.
Het berouwt hun, ils se repentent.

PARTICIPES.

PRÉSENT.

Berouwende, se repentant.

IMPARFAIT.

Het berouwde my, je me repentais.

PASSÉ.

Berouwd hebbende, s'étant repenti.

Het berouwde u, tu te repentais.

Het berouwde hem, il se repentait.
Het berouwde ons, nous nous repentions.
Het berouwde u, vous vous repentiez.
Het berouwde hun, ils se repentaient.

PASSÉ-INDÉFINI.

Het heeft my *berouwd*, je me suis repenti.
Het heeft u *berouwd*, tu t'es repenti.
Het heeft hem *berouwd*, il s'est repenti.
Het heeft ons *berouwd*, nous nous sommes repentis.
Het heeft u *berouwd*, vous vous êtes repentis.
Het heeft hun *berouwd*, ils se sont repentis.

PLUS-QUE-PARFAIT.

Het had my *berouwd*, je m'étais repenti.
Het had u *berouwd*, tu t'étais repenti.
Het had hem *berouwd*, il s'était repenti.
Het had ons *berouwd*, nous nous étions repentis.
Het had u *berouwd*, vous vous étiez repentis.
Het had hun *berouwd*, ils s'étaient repentis.

FUTUR.

Het zal my *berouwen*, je me repentirai.
Het zal u *berouwen*, tu te repentiras.
Het zal hem *berouwen*, il se repentira.
Het zal ons *berouwen*, nous nous repentirons.
Het zal u *berouwen*, vous vous repentirez.
Het zal hun *berouwen*, ils se repentiront.

FUTUR ANTÉRIEUR.

Het zal my *berouwd hebben*, je me serai repenti.
Het zal u *berouwd hebben*, tu te seras repenti.
Het zal hem *berouwd hebben*, il se sera repenti.
Het zal ons *berouwd hebben*, nous nous serons repentis.
Het zal u *berouwd hebben*, vous vous serez repentis.
Het zal hun *berouwd hebben*, ils se seront repentis.

CONDITIONNEL.

PRÉSENT.

Het zoude my *berouwen*, je me repentirais.
Het zoude u *berouwen*, tu te repentirais.

Het zoude hem *berouwen*, il se repentirait.
Het zoude ons *berouwen*, nous nous repentirions.
Het zoude u *berouwen*, vous vous repentiriez.
Het zoude hun *berouwen*, ils se repentiraient.

PASSÉ.

Het zoude my *berouwd hebben*, je me serais repenti.
Het zoude u *berouwd hebben*, tu te serais repenti.
Het zoude hem *berouwd hebben*, il se serait repenti.
Het zoude ons *berouwd hebben*, nous nous serions repentis.
Het zoude u *berouwd hebben*, vous vous seriez repentis.
Het zoude hun *berouwd hebben*, ils se seraient repentis.

IMPÉRATIF.

Laet het hem berouwen, qu'il se repente.

SUBJONCTIF.
PRÉSENT.

Dat *het* my *berouwe*, que je me repente.
Dat *het* u *berouwe*, que tu te repentes.
Dat *het* hem *berouwe*, qu'il se repente.
Dat *het* ons *berouwe*, que nous nous repentions.
Dat *het* u *berouwe*, que vous vous repentiez.
Dat *het* hun *berouwe*, qu'ils se repentent.

IMPARFAIT.

Dat *het* my *berouwde*, que je me repentisse.
Dat *het* u *berouwde*, que tu te repentisses.
Dat *het* hem *berouwde*, qu'il se repentît.
Dat *het* ons *berouwde*, que nous nous repentissions.
Dat *het* u *berouwde*, que vous vous repentissiez.
Dat *het* hun *berouwde*, qu'ils se repentissent.

PASSÉ.

Dat *het* my *berouwd hebbe*, que je me sois repenti.
Dat *het* u *berouwd hebbe*, que tu te sois repenti.
Dat *het* hem *berouwd hebbe*, qu'il se soit repenti.
Dat *het* ons *berouwd hebbe*, que nous nous soyons repentis.
Dat *het* u *berouwd hebbe*, que vous vous soyez repentis.
Dat *het* hun *berouwd hebbe*, qu'ils se soient repentis.

PLUS-QUE-PARFAIT.

Dat *het* my *berouwd hadde*, que je me fusse repenti.
Dat *het* u *berouwd hadde*, que tu te fusses repenti.

Dat *het* hem *berouwd hadde*,	Dat *het* u *berouwd hadde*, que
qu'il se fût repenti.	vous vous fussiez repentis.
Dat *het* ons *berouwd hadde*,	Dat *het* hun *berouwd hadde*,
que nous nous fussions re-	qu'ils se fussent repentis.
pentis.	

Quand les verbes se conjuguent négativement, on y ajoute l'adverbe négatif *niet*, ne pas.

Présent du verbe HEBBEN, AVOIR.

Ik heb niet,	Je n'ai pas.
Gy hebt niet,	Tu n'as pas.
Hy heeft niet,	Il n'a pas.
Wy hebben niet,	Nous n'avons pas.
Gy hebt niet,	Vous n'avez pas.
Zy hebben niet,	Ils n'ont pas.

Présent du verbe ZYN, ÊTRE.

Ik ben niet,	Je ne suis pas.
Gy zyt niet,	Tu n'es pas.
Hy is niet,	Il n'est pas.
Wy zyn niet,	Nous ne sommes pas.
Gy zyt niet,	Vous n'êtes pas.
Zy zyn niet,	Ils ne sont pas.

La négation *ne pas*, ou, *ne point*, ajouté au verbe *avoir*, se traduit le plus souvent par *geen*, *geene*, comme : *ik heb geene boeken*, je n'ai pas de livres ; *hy heeft geen boek*, il n'a point de livre.

Quand on conjugue le verbe interrogativement, on met le pronom après le verbe, comme en français, p. e. :

Présent du verbe HEBBEN, AVOIR.

Heb ik ?	Ai-je ?
Hebt gy ?	As-tu ?
Heeft hy ?	A-t-il ?

Hebben wy?	Avons-nous?
Hebt gy?	Avez-vous?
Hebben zy?	Ont-ils?

Présent du verbe ZYN, ÊTRE.

Ben ik?	Suis-je?
Zyt gy?	Es-tu?
Is hy?	Est-il?
Zyn wy?	Sommes-nous?
Zyt gy?	Etes-vous?
Zyn zy?	Sont-ils?

Par interrogation négative.

Présent de HEBBEN, AVOIR.

Heb ik niet?	N'ai-je-pas?
Hebt gy niet?	N'as-tu pas?
Heeft hy niet?	N'a-t-il pas?
Hebben wy niet?	N'avons-nous pas?
Hebt gy niet?	N'avez-vous pas?
Hebben zy niet?	N'ont-ils pas?

Présent de ZYN, ÊTRE.

Ben ik niet?	Ne suis-je pas?
Zyt gy niet?	N'es-tu pas?
Is hy niet?	N'est-il pas?
Zyn wy niet?	Ne sommes-nous pas?
Zyt gy niet?	N'êtes-vous pas?
Zyn zy niet?	Ne sont-ils pas?

Des Verbes composés.

Quelques verbes sont composés avec des noms substantifs, par exemple : *handhaven*, maintenir; *kielhalen*, donner la cale, etc. D'autres avec des adjectifs, comme : *weerlickten*, éclairer; *liefkozen*, caresser; etc. D'autres avec des prépositions, comme : *aenspreken,* haranguer ; *byblyven,* rester ; *ontvangen,* recevoir ; *verliezen,* perdre ; etc. Dans les deux premiers verbes composés avec des prépositions, l'accent tombe sur la préposition : *aenspreken, byblyven,* etc.; et dans les derniers, l'accent ne se place pas dans la prononciation sur la préposition, mais sur la partie essentielle du verbe : *ontvangen, verliezen,* etc. Les prépositions qui reçoivent l'accent sont appelées *séparables,* parce qu'elles peuvent être séparées des verbes. *Aenspreken,* a, dans l'imparfait, *ik sprak aen, ik sprak den koning aen,* je haranguais le roi. On ne pourrait pas dire : *ik aensprak den koning.* Celles qui n'ont pas l'accent sont nommés *inséparables,* parce qu'elles ne se séparent jamais du verbe : *ontvangen* a dans tous ses temps la préposition *ont* devant le verbe *vangen ;* ainsi on dit : *ik ontving,* je recevais ; etc.

Les verbes qui sont composés de prépositions séparables, forment leur participe passé en y intercalant *ge ;* par exemple, le participe passé de *aenspreken* est *aen-ge-sproken,* etc ; et ils ont souvent à l'infinitif le mot *te,* entre la préposition et le verbe ; par exemple, *aen-te-spreken,* etc., tandis que les verbes composés de prépositions inséparables, n'ont pas ce *ge* au participe passé, et qu'ils ont le *te* toujours devant le verbe, par exemple : *beminnen,* aimer ; *bemind,* aimé ; *te beminnen,* à, de, pour aimer, etc.

Quelques verbes, composés de substantifs et d'adverbes, ne se séparent point de leurs prépositions (*voorvoegselen*) quoique celles-ci reçoivent l'accent ; par exemple : *dagdieven,* voler sa journée ; *kielhalen,* donner la cale ; *liefkozen,* caresser ; *weerlichten,* faire des éclairs, etc. ; à l'imparfait : *dagdiefde, kielhaelde ; liefkoosde, weerlichtte,* etc.; et tous les verbes de cette espèce prennent la préposition *ge* au participe passé, et ont *te* avant l'infinitif, par exemple : *handhaven*, maintenir ; participe passé, *ge-handhaefd*, *te handhaven*; *kortwieken*, rogner les ailes; participe passé : *gekortwiekt*; *te korwieken*; *liefkozen*, *geliefkoosd*, *te liefkozen*, etc.

Dans quelques verbes composés de prépositions, l'accent tombe tantôt sur la préposition, tantôt sur la partie essentielle du verbe ; et c'est par cette raison que tantôt la préposition est transposée, et tantôt elle ne l'est pas. Ainsi on dit par exemple : *ondergaen*, subir ; *ik onderging*, je subissais, *ik heb ondergaen*, j'ai subi ; *te ondergaen*, à, de, pour subir, mais *ondergaen*, passer dessous ; *ik ga onder*, je passe dessous ; *ik ging onder*, je passais dessous, *ik ben onder gegaen*, je suis passé dessous, *onder te gaen*, à, de, pour passer dessous. On observe la même différence dans les verbes *onderhouden*, entretenir, et *onderhouden*, tenir dessous ; *omgeven*, entourer, et *omgeven*, distribuer ; *overleggen*, concerter, et *overleggen*, mettre dessus, couvrir ; *overwegen*, réfléchir, et *overwegen*, peser de nouveau ; *overwinnen*, vaincre, et *overwinnen*, gagner en sus ; *voorzeggen*, prédire, et *voorzeggen*, dire une chose dans l'intention qu'elle soit répétée ; *voldoen*, satisfaire, et *voldoen*, remplir ; *misdoen*, mal faire, pécher, et *misdoen*, dire la messe ; *misgrypen*, se méprendre, et *misgrypen*, manquer son coup, etc.; ainsi que dans tous les autres verbes de cette espèce.

DES PETITES PARTIES DU DISCOURS.

Des Nombres.

Les nombres se divisent en nombres cardinaux et en nombres communs. Des *nombres cardinaux* sont en partie des mots primitifs : *een*, un; *twee*, deux; *dry*, trois; jusqu'à *tien*, dix; en partie des mots dérivés ; *twintig*, vingt; *dertig*, trente; etc., en partie des mots composés : *elf*, onze; *twaelf*, ou *twelf*, douze ; *dertien*, treize ; *veertien*, quatorze, etc.

Een, un, se décline comme l'article *een*, *een man*, un homme; précédé de *den*, de, *het*, le, la ; ou *dezen*, *deze*, ce, cette, il prend un, *e : den eenen*, *de eene*, *het eene*, l'un ; *dezen eenen*, *deze eene*, *dit eene*, cet un (1); *des eenen*, de l'un; etc., conséquemment aussi *den eenen en den anderen*, l'un et l'autre de même, *myn eenen*, mon un; *myne eene*, mon une; *zyn eenen*, son un; *uw eenen*, votre un; *uwe eene*, votre une, etc.; *myn eene kind*, l'un de mes enfans; *uw eenen broeder*, l'un de vos frères, etc.; mais au lieu de cela, il est mieux de dire *een myner kinderen*, un de mes enfans; etc.

MASCULIN.	FEMININ.	NEUTRE.
N. *den eenen*, l'un.	N. *de eene*, l'une.	N. *het eene*, l'un.
G. *des eenen*, de l'un.	G. *der eene*, de l'une.	G. *des eenen*, de l'un.
D. *den*, *aen den eenen*, à l'un.	D. *der eene*, *aen de eene*, à l'une.	D. *den eenen*, *aen het eene*, à l'un.
A. *den eenen*, l'un.	A. *de eene*, l'une.	A. *het eene*, l'un
Ab. *van den eenen*, de l'un.	A. *van de eene*, de l'une.	A. *van het eene*, de l'un.

Quelquefois ils se déclinent : *met ons vieren*, nous quatre;

---

(1) Quoique cette expression ne soit pas française, ainsi que celles qui suivent : *mon un*, *votre un*, *son un*, etc., j'ai cru cependant devoir m'en servir pour rendre littéralement le terme flamand.

na zessen, après six heures, etc.; d'autres fois ils s'emploient substantivement : *de dry*, le trois, *eene twee*, un deux, *dry zessen*, trois six, etc.; *het twintig*, les vingt, etc.; *een zestiger*, une pièce de soixante; *een acht en veertiger*, une pièce de quarante-huit, etc. Ils se composent aussi avec le mot *half*, demi, moitié: *anderhalf*, un et demi; *derdhalf*, deux et demi; *zesthalf*, cinq et demi, etc.

Les *nombres communs* servent à marquer le nombre d'une manière générale : *al*, tout; *ieder*, *iegelyk*, *elk*, chaque, chacun; *geen*, aucun; *weynig*, peu, *menig*, beaucoup, *eenig*, unique, *ettelyke*, *sommige*, quelques-uns.

Al, alle, tous, s'emploie avec des substantifs et des pronoms au pluriel : *alle menschen*, tous les hommes; *zy allen*, eux tous; *u aller vriend*, l'ami de vous tous; *ons aller moeder*, la mère de nous tous, etc.; de même sans substantifs ou pronoms : *voor aller oogen*, aux yeux de tous; *allen zeggen het*, tous le disent, etc., et au singulier : *alle hoop op herstel*, tout espoir de rétablissement, etc.; *zich aen allen wellust overgeven*, se livrer à toutes sortes de voluptés. Quand des noms substantifs au singulier ont la signification plurielle, *alle*, ne se décline pas : *aen alle kant*, de tous côtés; *onder alle volk*, parmi toutes sortes de peuple; *alle dag*, tous les jours ; c'est comme s'il y avait *aen alle kanten*, etc. *Al* est aussi indéclinable devant l'article défini, et les pronoms possessifs : *hy deed al den arbeyd*, il fit tout le travail; *al de menschen*, tous les hommes; *in al uwen wandel*, dans toute votre conduite; *in al myne bekommeringen*, dans tous mes soucis, etc.

Elk, ieder, chaque; *eenig*, unique; *menig*, beaucoup; *geen*, aucun; se déclinent comme des adjectifs devant un nom substantif. La déclinaison de *elk*, *ieder*, chaque; de *elkeen*, *iedereen*, chacun, et de *een ieder*, chacun, quand ces mots sont employés comme substantifs, se fait de la manière suivante: *elks, ieders, elkeens, iedereens, eens ieders, eens iederen*, etc.; il en est de même de *iegelyk, een iegelyk*, chacun; aucun de ces mots n'a de pluriel; *veel*, beaucoup; et *weynig*, peu; ne se déclinent pas, et sont accompagnés d'un deuxième cas: *ik heb niet veel tyds*, je n'ai pas beaucoup de temps; *hy is niet veel mans*, il n'est pas très-viril; *veel hoofden, veel zinnen*, autant d'hommes, autant de sentimens; *het kost my weynig moeyte*, il me coûte peu de peine; *voor weynig dagen*, il y a peu de jours, etc. On dit cependant *de weynige moeyte*, le peu de peine, etc. *het weynige geld*, le peu d'argent; *om deze weynige redenen*, pour ce peu de raisons, etc.; mais aussi: *water met een weynig wyns*, de l'eau avec un peu de vin, etc.; il en est de même du comparatif de *veel*, beaucoup, et *weynig*, peu; par exemple: *meer gelds*, plus d'argent; *minder vreugd*, moins de joie; *meer menschen*, plus d'hommes, *minder zorgen*, moins de soins, etc.; mais il faut dire, au contraire: *ik schryf den minderen indruk zyner redenen daeraen toe*, j'attribue à cela l'impression plus faible de ses raisons, etc.. *Meest*, le plus, *minst*, ou *weynigst*, le moins, suivent la déclinaison des adjectifs. *Velen*, plusieurs; et *weinigen*, peu; *meerderen*, une plus grande partie; et *minderen*, une moindre partie; sont substantifs: *velen willen, dat*, plusieurs prétendent que, etc. *Meerderen zeggen*, d'autres, en plus grand nombre, disent, etc.

Des adverbes.

Les adverbes se joignent aux verbes, pour exprimer une

qualité ou une circonstance de l'action, de la passion, ou de l'existence : *vroeg komen*, venir tôt; *wel lezen*, lire bien; etc. Ils se divisent en adverbes de temps : *heden*, aujourd'hui; *morgen*, demain; etc.; de lieu : *daer*, là; *hier*, ici, etc.; de quantité : *veel*, beaucoup; *weynig*, peu, etc.; de qualité : *wel*, bien; *kwalyk*, mal, etc.; d'affirmation : *ja*, oui, *gewis*, certes, etc.; de négation : *neen*, non, *geenszins*, aucunement, etc.; de doute : *misschien*, *mogelyk*, peut-être; d'encouragement : *welaen*, eh bien; *voort*, ça donc; d'assemblage : *te gelyk*, en même temps; *gezamenlyk* ensemble, etc.; de séparation : *alleen*, seulement; *byzonderlyk*, particulièrement, etc.; de comparaison : *als*, *gelyk*, comme, de même que, etc.; de diminution : *naeuwelyks*, à peine, *schier*, presque, etc.; de choix : *veel meer*, plutôt, *vooral*, surtout, etc.; de démonstration : *zoo*, ainsi; *namelyk*, savoir, etc.; d'interrogation : *hoe*, comment, *waerom*, pourquoi, etc.; d'ordre : *eerst*, d'abord; *daerna*, ensuite, etc.; de répétition : *eens*, une fois; *dikwerf*, souvent; etc. Outre ces adverbes, il y a plusieurs expressions qui s'emploient adverbialement : *ten eerste*, premièrement; *op nieuw*, de nouveau; *van dag tot dag*, de jour en jour; *naer binnen*, vers le dedans; *naer buyten*, vers le dehors; *van alle zyden*, de tous côtés, etc.

Quelques adverbes sont des deuxièmes cas ou des génitifs : *vergeefs*, en vain; *hedendaegs*, aujourd'hui; *links*, à gauche; *regts*, à droite, etc.; plusieurs d'entr'eux se changent en adjectifs par l'addition ch : *vergeefsche moeyte*, peine inutile; *hedendaegsche gewoonte*, habitude d'aujourd'hui, etc. Quelques autres adverbes s'emploient aussi comme adjectifs, sans subir de changement : *tegenwoordig*, présent;

vroeg, précoce; *eerlyk*, honnête; *langzaem*, lent, etc.; *den tegenwoordigen tyd*, le temps présent, etc.; quelques adverbes ont aussi un comparatif et superlatif : *na, nader, naest,* proche, plus proche, le plus proche; *hoog, hooger, hoogst,* haut, plus haut, le plus haut; *ver, verder, verst,* loin, plus loin, le plus loin, etc.

Les adverbes déterminent proprement l'action exprimée par le verbe : *de wond bloedt sterk*, la blessure saigne fort; *den vogel vliegt hoog*, l'oiseau vole haut. Ils marquent aussi la qualité des adjectifs : *een regt vrolyk kind*, un enfant vraiment gai; ici *regt* appartient non à *kind*, mais à *vrolyk*, et le sens est : *een kind, dat regt vrolyk is*, un enfant qui est vraiment gai.

Des Prépositions.

Les prépositions qui se joignent tant aux noms qu'aux verbes, désignent les rapports qui existent entre les premiers et les seconds. Elles se divisent en deux sortes, en *inséparables* et *séparables*. Celles de la première sorte sont *be, ge, her, ont, ver*, comme : *bedenken*, penser; *geleyden*, conduire; *herkennen*, reconnaître; *ontvangen*, recevoir; *vergeven*, pardonner. A celles-ci on peut joindre encore *ant, mis* (qui cependant n'est pas toujours inséparable), *on* et *wan*, comme dans *antwoorden*, répondre; *miskennen*, méconnaître; *ontrouw*, infidélité; *wanhopen*, désespérer. Celles de la dernière sorte sont *aen, naer, by, door, uyt, met, in, naest, rondom*, etc. Nous avons, en traitant des verbes composés, parlé de ces deux sortes de prépositions, en tant qu'elles se lient aux verbes.

8

Des Conjonctions.

Les conjonctions sont des mots qui désignent les rapports qu'il y a d'une phrase à une autre, ou que les parties d'une phrase ont entr'elles. Tels sont *en*, et; *ook*, aussi; *maer*, mais; *want*, car; *insgelyks*, de même; *schoon*, quoique; *niet alleen*, non-seulement; etc. Par rapport à leur signification, on peut les diviser en différentes classes; celles qui servent à marquer la liaison : *en*, et; *ook*, aussi; etc.; à marquer un récit : *dat*, que; *hoe*, comment; à marquer l'intention : *op dat*, pour que; *ten eynde*, afin que; etc.; à rendre raison, *dewyl*, vu que; *want*, car; etc.; à marquer l'ordre d'un discours : *ten eerste*, d'abord; *verder*, ensuite; à expliquer : *als*, comme; *dat is*, c'est; etc.; à conclure : *zoo*, donc; *derhalve*, par conséquent; etc.; à marquer opposition : *daerentegen*, au contraire; *nogtans*, cependant; etc.; à marquer une condition : *indien*, si; *ten zy*, à moins que; etc.; à marquer le consentement : *toch*, certes, pourtant, cependant, etc.; à marquer le temps : *terwyl*, tandis que; *zoo haest als*, aussitôt que; etc.

Il faut observer que *doch*, mais, sert à marquer opposition, et *toch*, à accorder. Exemple : *ik had u beloofd te komen, doch ik kan niet, ik zal morgen toch myn woord houden*, je vous avais promis de venir; mais je ne puis pas à présent, je tiendrai cependant ma parole pour demain. Il faut remarquer en outre que *dewyl* est une conjonction qui sert à rendre raison, et *terwyl* à marquer le temps, par exemple : *dewyl ik siek werd, vertrok ik niet*, comme je devenais malade, je ne partis pas ; *terwyl ik met hem sprak, dacht ik daaraen niet*, tandis que je causais avec lui, je ne songeais pas à cela, etc.

Des Interjections.

Les interjections expriment, non des idées, mais certaines sensations de l'âme; et comme telles, elles ne peuvent proprement être mises au nombre des parties du discours, elles sont invariables.

On distingue les sensations en *internes* et *externes*, et, par conséquent, aussi les mots qui servent à les exprimer. A la première espèce se rapportent celles qui marquent la joie : *ha*, ah! *heysa*, courage! la tristesse : *ach*, ah! *helaes*, hélas! l'étonnement : *o*, o! le mépris : *foey*, fi! celles qui servent à appeler : *he*, eh! *holla*, hola! *hem*, hem! à faire arrêter : *hey*, hé! *hou*, arrête! *sus*, paix! celles qui marquent un souhait : *och*, oh! *och of*, oh si! celles dont on se sert pour prier; *ey*, hé! *ey lieve*, de grâce! Les expressions *gave God*, plût à Dieu que! *God verhoede*, à Dieu ne plaise que! donnent une idée claire de ce qu'on éprouve, et ne peuvent, par conséquent, être rangées parmi les interjections que dans un sens très-étendu. A la dernière espèce d'interjections appartiennent celles qui désignent, par imitation de ce qu'on entend dans la nature, une impression reçue du dehors : *bons*, *klets*, *krak*, *plomp*, etc. Quoiqu'elles portent le nom d'interjections, elles ne se mettent cependant pas toujour au milieu d'une phrase, mais elles se placent souvent aussi au commencement ou à la fin, comme on le verra dans la syntaxe.

COUP D'OEIL GÉNÉRAL.

La *Syntaxe* est une des parties les plus importantes de la Grammaire. Elle enseigne la manière de joindre ensemble des mots isolés pour exprimer un sens suivi, et démontre les rapports mutuels et le régime de ces mots, conformément à l'ordre naturel et aux rapports que les idées ont dans l'esprit humain, ainsi qu'aux idiotismes et aux lois particulières de chaque langue.

Sur l'emploi des Articles.

L'article s'emploie pour nommer une chose déterminément, et la montrer, pour ainsi dire, au doigt : *geef my den kaes*, donnez-moi le fromage; mais il est supprimé devant un nom pris dans un sens général et indéterminé : *geef my kaes*, donnez-moi du fromage; de même que devant les noms propres : *daer is Leopoldus*, voilà Léopold; *ik ging naer Frankryk*, j'allai en France. Cependant s'ils sont modifiés par quelque autre mot, l'article est nécessaire : *den held Washington*, le héros Washington; *het volkryke Brussel*, la populeuse Bruxelles, etc.

Dans plusieurs façons de parler, qui ont une signification générale, l'article est supprimé : *op roof uytgaen*, aller butiner; *geduld hebben*, avoir patience; *buyt maken*, faire du butin; *adem halen*, prendre haleine, etc. De même dans plusieurs expressions proverbiales et figurées : *nood breekt wet*, nécessité n'a point de loi; *armoede is listig*, pauvreté est artificieuse, etc. Comme aussi quand on fait quelque énumération, et surtout dans le style passionné : *goed, eer, leven, ja alles is verloren*, biens, honneur, vie, tout est perdu.

Les articles se placent devant les noms substantifs et leurs adjectifs, et s'accordent avec les premiers en genre, en nombre et en cas : *ik heb het groote huys van M. gekocht*, j'ai acheté la grande maison de M.; *wy wandelden in eenen fraeyen tuyn*, nous nous promenâmes dans un beau jardin. Devant des mots composés de deux substantifs, ils prennent le genre du dernier : *het hulpmiddel*, le remède.

Quand il y a plusieurs noms substantifs consécutifs, l'article défini ne se met souvent que devant le premier : *de gierigheyd, hoogmoed en argwaen van dezen man*, l'avarice, l'orgueil et la défiance de cet homme, etc. Mais si les noms substantifs sont de différens genres, l'article doit être répété : *de dood en het leven*, la mort et la vie ; surtout dans les cas qui se déclinent : *voor den tyd en de eeuwigheyd*, pour le temps et l'éternité. De même quand l'un des substantifs est au singulier, et l'autre au pluriel : *ik bezag de boekery en de kunst-kamers van onze koningin*, etc., je visitais la bibliothèque et les cabinets d'arts de notre reine, etc.

On répète souvent les articles pour donner plus d'énergie à la phrase, quoique les noms soient du même genre : *zoude ik het ambt, het goed, het leven in de waegschael zetten*, hasarderais-je l'emploi, la fortune et la vie ? Cependant la répétition fréquente du mot *het*, quand il n'est pas joint à des noms substantifs, peut causer de la cacophonie, comme dans l'exemple suivant, où il est de trop les deux premières fois : *veroorloof het my, het u te zeggen, dat ik het niet geloven kan*, permettez-moi de vous dire que je ne puis le croire. L'article indéfini doit, dans la plupart des cas, être répété : *eene tulp en eene roos*, une tulipe et une rose, etc.

Quoiqu'on ait coutume d'abréger souvent l'article défini, et d'écrire *d'*, au lieu de *de* ou *den* ; *'t*, au lieu de *het*, et *'s*, au lieu de *des*, comme : *d'ondergang*, la ruine ; *'t geluk*, le bonheur ; *'s menschen*, de l'homme, au lieu de *den ondergang, het geluk* et *des menschen*, il est cependant mieux de ne se servir que rarement de cette manière d'écrire, si ce n'est dans ces expressions généralement reçues : *buyten 's lands*, hors du pays, à l'étranger; *binnen 's monds*, entre les dents; *onder 's hands*, sous main, etc.

Sur l'emploi des Noms Substantifs.

Deux ou plusieurs noms substantifs s'emploient souvent pour désigner une seule et même chose, et se mettent au même cas, sans être régis l'un par l'autre : *myn vader den koning*, le roi mon père; *de stad Antwerpen*, la ville d'Anvers, etc. Souvent de deux noms, le dernier modifie ou explique l'autre : *Brussel, de grootste stad van het koningryk des Belgenlands*, Bruxelles, la plus grande ville du royaume de Belgique; *uw broeder, myn vriend*, votre frère, mon ami; *de boeken, onze uytspanning*, les livres, notre récréation. De même avec *als* : *Karel, als oppersten veldheer*, Charles, en qualité de général en chef, etc.

Le plus souvent cependant les noms substantifs sont dépendans d'autres substantifs ou adjectifs, verbes et prépositions qui les régissent à tel ou tel cas. Nous n'avons à parler ici que de la liaison des mots, qui se fait par des prépositions ou par déclinaison, ou en laissant le dernier mot invariable. Exemples : *den zegen van den hemel*, la bénédiction du ciel; *een kleed van zyde*, une robe de soie; *hoop op betere tyden*, espoir de temps plus heureux; *de kortheyd des levens*, la brièveté de la vie; *een tros druyven*, une grappe de raisins, etc.; mais quant à ce dernier exemple, il faut observer que le signe du deuxième cas est sous-entendu devant le nom substantif décliné, ainsi : *een stapel boeken*, un tas de livres, est la même chose que : *een stapel van boe-*

ken; *dry gulden winst*, un gain de trois florins, la même chose que: *winst van dry guldens*, etc.

Quand deux noms sont tellement joints ensemble qu'ils ne présentent à l'esprit qu'une seule idée, alors on ajoute le *s*, comme signe du deuxième cas, seulement au dernier mot: *keyzer Napoleons dood*, la mort de l'empereur Napoléon; *graef Hendriks lotgevallen*, les aventures du comte Henri; *oom Jacobs knecht*, le domestique de l'oncle Jacques, etc.

Lorsque deux génitifs se suivent, l'un est régi par l'autre: *de kracht der wetten der natuer*, la force des lois de la nature. Si deux ou plusieurs génitifs causent de la cacophonie, il faut au lieu de l'un d'eux, se servir de *van*: *het uytwerksel des ievers myns vaders*, mieux, *van den iever myns vaders*, l'effet du zèle de mon père.

Sur l'emploi des Noms Adjectifs.

Les noms adjectifs se placent devant les substantifs, et s'accordent avec eux en genre, en nombre et en cas: *het onzekere geluk*, le bonheur incertain. Avec des noms propres cependant, ils se mettent après, pour mieux distinguer les personnes, et prennent l'article *den*: *Karel den twaelfden*, Charles douze; c'est-à-dire: *den twaelfden Karel*, le douzième Charles; *hy streed tegen Alexander den Grooten*, il combattit contre Alexandre-le-Grand, c'est-à-dire: *hy streed tegen den Grooten Alexander*. Si les adjectifs, non accompagnés d'articles, suivent les substantifs, ils ne se déclinent pas et s'emploient comme adverbes: *wy bewonderen in Washington eenen held, even menschlievend als dapper*, nous admirons en Washington un héros aussi humain que brave. De même après les verbes *zyn*, être; *worden*, devenir; *blyven*, demeurer. On dit, par exemple : *eene dikke lucht*, un air épais, mais : *de lucht blyft dik*, l'air reste épais ; *dit is zoeten wyn*, voici du vin doux, mais : *de jongens worden stout*, les garçons déviennent méchans, etc.

Il y a deux cas où un adjectif peut être employé sans substantif : 1°. quand il se rapporte à un nom qui précède ou qui suit ; *fransche koopwaren, en niet vlaemsche*, marchandises françaises et non pas flamandes ; *zy draegt water in de eene, en vuer in de andere hand*, elle porte de l'eau dans une main, et du feu dans l'autre ; 2.° quand on peut facilement deviner le mot sous-entendu : *voor den tienden dag*, avant le dixième jour, etc.

Quand un mot est composé de deux noms, c'est toujours le dernier qui en détermine le genre et l'adjectif doit seulement s'y conformer : *den kunstigen uerwerkmaker*, l'habile horloger, c'est-à-dire : *den uerwerkmaker die kunstig is*. Mais on dit aussi : *den gouden uerwerkmaker*, et on entend par-là celui qui fait des montres d'or ; cependant, selon le génie de notre langue, cela ne peut signifier autre chose que : l'horloger en or. L'usage cependant a si généralement consacré ces expressions et autres semblables, tant dans la conversation que dans le style, qu'il faut bien s'y conformer ; quoique, pour éviter en quelque manière l'équivoque, on puisse mettre un trait d'union entre les deux mots, et écrire : *gouden-uerwerkmaker* ; *zyden-kousenwever*, celui qui fait des bas de soie ; *oude-vrouwenhuys*, hospice de vieilles femmes ; *hoogduytsche-boekhandelaer*, marchand de livres allemands ; etc. Le trait d'union est également d'usage pour indiquer la suppression de la terminaison d'un adjectif, joint par la conjonction *en* à un autre adjectif, qui se termine de même : *een goud-en vischryke rivier*, rivière abondante en or et en poisson; *eene uyt-en inwendige gewaerwording*, une sensation extérieure et intérieure.

S'il y a deux adjectifs de suite, dont l'un modifie l'autre, le premier s'emploie adverbialement et ne se décline pas: *een zacht ruyschende beek*, un ruisseau qui murmure doucement; *donker bruyne oogen*, des yeux brun-foncé, etc. Ce sont certainement deux choses bien différentes que: *eene buytengewoon groote som*, une somme extraordinairement grande, et *eene buytengewone groote som*, une grande somme extraordinaire, etc. *Gansch*, *geheel*, tout; *half*, demi; *vol*, plein; *enkel*, simple; *louter*, pur; s'emploient aussi quelquefois comme adverbes quoique joints à des substantifs: *zy was enkel vreugd*, elle était toute joie; non *enkele*; *wy waren geheel aendacht*, nous étions tout attention; non *geheele*, etc.

Après les comparatifs on se sert de *dan* et non de *als*: *zoeter dan honing*, plus doux que du miel; *sterker dan een peerd*, plus fort qu'un cheval; le superlatif doit être suivi du deuxième cas (génitif) ou d'une des prépositions *van*, de; *uyt*, hors de; *onder*, parmi; *den ryksten inwoner der stad*, le plus riche habitant de la ville; *den aenzienlyksten uyt de buert*, le plus considérable du voisinage; etc.

SUR L'EMPLOI DES PRONOMS.

Des Pronoms Personnels.

Relativement aux pronoms personnels, nous remarquerons que la première et seconde personne *ik*, je, et *gy*, tu, s'emploient sans distinction de genre, tandis que la troisième a trois genres différens, comme: *hy*, *zy*, *het*, il, elle, il.

Le substantif s'accorde avec le pronom personnel en nombre et en cas. *Ik vertrouwde op hem, dien aertsschelm*, je me fiai à lui, cet archicoquin. Si le pronom de la troisième personne a rapport à un nom de personne, il suit le genre de cette personne, et non celui du nom qui la représente : *ik zag de min (Cupido), toen hy zyne pylen geschoten had*, je vis l'amour (Cupidon), lorsqu'il eut tiré ses flèches; non, *toen zy*; ni : *ik zag den min, toen hy*, etc. *Hy keerde zich van het wyf, het vrouwspersoon, het meysje, af, en liet haer staen*, il se détourna de la femme, de la fille, et la laissa là.

Quand l'action d'un verbe retombe sur l'agent, on emploie le pronom réfléchi *zich*, soi : *hy beroemt zich*, il se vante ; non, *hem*; *zy bedenken zich*, ils se ravissent, non *hen*, etc. Cependant si, à cette première action, il s'en joint encore une autre, alors le pronom personnel occupe, près du second verbe, la place du pronom réfléchi : *hy eygende het zich niet toe, maer wenschte dat het hem gegeven wierde*, il ne se l'appropria pas, mais il souhaita qu'il lui fût donné. On se sert souvent de *zich*, mal à-propos; ex. : *zy hebben zich daer gesproken*, au lieu de : *zy hebben elkander daer gesproken*, ils s'y sont parlé.

Quand deux ou plusieurs personnes précèdent, il peut être douteux à laquelle se rapporte le pronom personnel; exemple : *den veldheer viel in den slag, en toen den heelmeester hem wilde verbinden, kreeg hy eenen kogel door het hoofd* : le général tomba dans la mêlée, et lorsque le chirurgien voulut le panser, une balle vint fracasser la tête de ce dernier, etc. ; ici, *hy* se rapporterait à *veldheer*, et comme c'est, au contraire, à *heelmeester* qu'on veut le faire rapporter, il est mieux, en pareil cas, de se servir de *die*, ou *de-*

zelve, au lieu de *hy*, et de dire : *kreeg denzelve eenen kogel*, etc.

Il faut encore remarquer que le pronom *men*, on, ne détermine ni le genre, ni la personne : *men speelt*, on joue, etc. ; et que l'abréviation de *m'* pour *men*, par exemple : *dewyl m'ons verzekerde*, parce qu'on nous assurait, pour *dewyl men*, doit être rejetée ; en outre, que *niemand*, personne ; de même que *niets*, rien ; *nergens*, nulle part ; *nooyt*, jamais ; *anders*, autrement ; demandent *dan* et non pas *als* après eux : *niemand dan hy was daer*, il n'y avait que lui.

Des Adjectifs possessifs.

Les adjectifs possessifs se placent aussi devant les substantifs, et s'accordent avec eux en genre et en nombre ; et comme ceux de la troisième personne ils marquent le genre du possesseur, aussi bien que celui de la chose possédée ; on dit, par exemple, en parlant d'un roi, *zyne majesteyt* ; et en parlant d'une reine, *hare majesteyt*, etc. Les adjectifs possessifs de la troisième personne se conforment aussi au genre de la personne elle-même, et non à celui du mot qui la représente : *de min (Cupido) schiet zyne pylen*, l'amour tire ses flèches, non *hare pylen*. *Het meysje viel en brak haer been*, la fille tomba et se cassa la jambe ; non *zyn been*. C'est par la même raison qu'on dit à un prince : *uwe hoogheyd leeft voor zyne onderdanen*, votre altesse vit pour ses sujets, et à une princesse : *uwe hoogheyd leeft voor hare onderdanen*, etc.

L'emploi d'un adjectif possessif au lieu du deuxième cas, est contraire au génie de notre langue ; exemple :

myn vader zyn broeder; myne moeder hare zuster, etc., au lieu de *myns vaders broeder*, le frère de mon père; *myner moeder zuster*, la sœur de ma mère, etc.

Quand l'adjectif possessif pourrait donner lieu à quelque équivoque, alors il faut, en sa place, se servir de *deszelfs*, ou *derzelver*. Si, par exemple, l'on dit: *Titius meldt zynen vriend, dat hy zyn huys verkocht heeft*, Titius mande à son ami qu'il a vendu sa maison; alors on entend parler de la maison de Titius; mais si l'on dit au contraire: *Titius meldt zynen vriend dat hy deszelfs huys verkocht heeft*, alors il s'agit de la maison de son ami.

Les adjectifs possessifs s'emploient aussi comme adverbes, et, par conséquent, sans qu'ils se déclinent: *nu is hy myn*, à présent il est le mien, c'est-à-dire *de myne*; *de bezitting is uw*, la possession en est à vous; de même au commencement d'une phrase: *uw is het ryk*, c'est à vous qu'appartient le royaume, etc.

Des Pronoms interrogatifs.

Pour ce qui regarde l'emploi des pronoms interrogatifs, on en a déjà dit tout ce qu'il est nécessaire d'en savoir. Nous remarquerons seulement encore ici, que le mot de la réponse doit-être au même cas que celui de la demande: *van wien is dit boek*, à qui est ce livre? *van my*, à moi. *Wien behoort dit*, à qui appartient cela? *Onzen vriend* ou *aen onzen vriend*, à notre ami; en outre, qu'au lieu des pronoms interrogatifs, on se sert quelquefois de *waer*: *waervan spreekt gy*, de quoi parlez-vous? c'est-à-dire *van welke zaek*. Cependant si l'on parle des personnes, on ne dit pas *waervoor*, mais *voor wien* : *voor wien houdt gy my*, pour qui me prenez-vous ?

Des Pronoms démonstratifs.

Les pronoms démonstratifs, ainsi nommés parce qu'ils démontrent les objets, s'emploient, soit joints ou relatifs à des substantifs, soit seuls et d'une manière absolue : *die man heeft het gezegd, kent gy denzelven* (c'est-à-dire *man*), cet homme l'a dit, le connaissez-vous ? *zulken, die altoos wat te verhalen hebben, moet men geene geheymen toevertrouwen*, il ne faut pas confier des secrets à ceux qui ont toujours quelque chose à raconter.

Le pronom *die, dat*, celui-ci, s'emploie souvent surabondamment ; par exemple : *myn peerd dat kan hard loopen* ; au lieu de : *myn peerd kan hard loopen*, mon cheval court fort. Quelquefois, cependant, l'emploi en est nécessaire pour donner plus d'énergie à la phrase : *den onwaerdigen, welken ik zoo vele weldaden bewezen heb, die is myn verrader geworden*, l'indigne, à qui j'ai rendu tant de services, m'a trahi.

Par *dezen*, celui-ci, on désigne une personne, ou une chose proche ou présente, par *genen*, celui-là, une personne ou une chose plus éloignée : *aen deze zyde van het huys*, de ce côté-ci de la maison ; *in gene gelukkige tyden*, dans ces heureux temps-là. Et par rapport à un substantif : *leg u op lydzaemheyd en ontschuld toe, want gene (de lydzaemheyd) leert u de wederwaerdigheden verdragen, deze (de onschuld) dezelve overwinnen*, tâchez d'acquérir la patience et l'innocence ; car celle-là apprend à supporter les disgrâces, celle-ci à les vaincre. En parlant de trois choses éloignées l'une de l'autre, on emploie *deze*, celle-ci, pour la plus proche ; *die*, celle-là, pour celle qui est à une distance moyenne, et *gene*, l'autre, pour la plus éloignée : *ik zat in deze kamer, zy in die, en hy in gene*, j'étais dans cette chambre-ci, elle dans celle-là, et lui dans l'autre. Au lieu de *deze* et *die*, on se sert aussi de *hier* et *daer*, mais seulement en parlant des choses, et non des personnes : *hiervan (van deze zaek) sprak hy*, voilà de quoi il parla ; *daernaer (naer die zaek) vraeg ik*, voilà ce que je demande.

Souvent on emploie *dengenen*, celui qui, *hetgene*, ce qui, comme pronom relatif, mais à tort ; car on peut bien dire : *dengenen die dat gezegd heeft*, celui qui a dit cela, etc., mais non : *die degene dat gezegd heeft*, etc. De même on ne dit pas : *het verdriet, hetgeen myn hart verscheurt*, etc. ; au lieu de *het verdriet, dat* ou *hetwelk*, etc. ; le chagrin qui dévore mon cœur. *Hetgene*, ou *hetgeen*, au lieu de *hetgene dat*, est autorisé par l'usage : *hetgene ik zeg is waerheyd*, ce que je dis est la vérité.

Denzelven, le même, et *denzelfden*, le même, diffèrent entr'eux en ce que le premier, qui s'emploie seulement avec rapport à un substantif, s'applique à une chose qui précède tandis que le dernier qui se joint aussi à un substantif, est plus énergique, et marque qu'on n'a rien autre chose en vue ; *hy wist niet welken hond hem gebeten had, ik wees hem denzelven*, il ne savait pas quel chien l'avait mordu, je le lui montrai. *Het was den zelfden hond, die*, c'était le même chien, qui, etc. Pour renforcer encore l'énergie, on ajoute quelquefois *even*, précisément ; ou *eene*, un, devant *denzelfden : hy is nog even denzelfden*, il est toujours le même ; *wy bedoelen juyst eene en dezelfde zaek*, nous visons précisément à une seule et même chose.

Des Pronoms relatifs.

Les pronoms relatifs s'accordent avec l'objet, auquel ils se rapportent, en genre et en nombre, mais ils sont, quant à leur cas, sous le régime de quelque autre mot : *wie is hy, die daer komt*, qui est-ce qui vient là? *Den man, wiens goed karakter aen elk bekend is*, l'homme dont le bon caractère est connu à chacun. *De vrouw, over welke ik u gesproken heb*, la femme, dont je vous ai parlé, etc.

Si le pronom se rapporte à deux ou plusieurs substantifs, alors il se met au pluriel. Dans ce cas on fait souvent rapporter le pronom relatif seulement au dernier substantif, mais à tort, principalement, lorsque les noms sont de différens genres. C'est pourquoi on dit : *de achting en het genoegen welke hy daer genoot*, l'estime et la satisfaction dont il y jouissait, non *hetwelk*. Si une expression a rapport à tout un membre de phrase, le pronom relatif se met au neutre : *hy heeft my niet betaeld, dat ik wel verwacht heb*, il ne m'a pas payé, ce à quoi je m'étais bien attendu. *Welke* est plus en usage dans le style relevé, *die* dans le style familier.

Quand *die* est relatif à *wie*, alors ce premier mot peut souvent se retrancher, exemple : *wie geleerd wil worden moet zich vroegtydig op de letteroefeningen toeleggen*, quiconque veut devenir savant, doit s'appliquer de bonne heure à l'étude. Cependant quelquefois on l'exprime, pour donner plus d'énergie à la phrase : *wie met zyn lot te vreden is, die is den ryksten*, celui, qui est content de son sort est le plus riche ; ou mieux : le plus riche est celui qui, etc. ; de même dans les cas qui se déclinent : *wie zoo denkt en handelt als hy, dien houd ik voor een eerlyk man*, quiconque pense et agit comme lui, je le regarde comme un honnête homme.

On emploie souvent *waer* au lieu de *welke*, qui, tant pour les pronoms relatifs que pour les pronoms interrogatifs, mais seulement quand on parle des choses, et non des personnes : *de pen waermede ik schryf*, la plume avec laquelle j'écris, etc.

SUR L'EMPLOI DES VERBES.

Des Personnes.

Les pronoms de la première et de la seconde personne s'expriment toujours devant les verbes, comme : *ik lees*, je lis ; *gy leest*, tu lis, et la suppression de ces pronoms est contraire au génie de notre langue ; on ne pourrait donc dire : *vriend! meent, dat ik u geen goeden raed gegeven heb?* au lieu de : *meent gy, dat ik*, etc. ; ami, pensez-vous que je ne vous aie pas donné un bon conseil? Le pronom de la troisième personne peut seul se supprimer, lorsqu'on nomme la personne ou la chose elle-même, et l'on peut, au lieu de *hy leest*, dire aussi *Francis leest*, François lit, etc. Et comme la seconde personne de l'impératif, celle à qui l'on parle, est déjà assez déterminée, elle ne prend point de pronom, à moins qu'on ne veuille l'énoncer avec force ; ex. : *vriend! geef my uw woord*, ami, donnez-moi votre parole, et : *vriend! verlaet myn broeder my, help gy my dan,* ami, si mon frère m'abandonne, soyez alors mon soutien.

Quelquefois le pronom personnel est séparé de son verbe par l'intercalation de quelque autre mot, comme : *ik, ellendig mensch, hoop vergeefs op uytkomst*, malheureux, j'espère en vain trouver quelque ressource. Dans le cas où cette séparation est produite par tout un membre de phrase, alors il faut répéter le pronom : *ik, die, schoon onschuldig, van elk veracht en verlaten ben, ik hoop vergeefs op uytkomst*, moi, qui, quoiqu'innocent, suis méprisé et abandonné de tout le monde, j'espère en vain trouver quelque ressource.

Quand deux ou plusieurs verbes appartiennent à la même personne, le pronom ne s'exprime qu'une fois : *hy kwam, bezag de stad, verwonderde zich over hare schoone ligging, en vertrok weder*, il arriva, visita la ville, admira sa belle position, et repartit. Dans le cas, cependant, où le verbe est séparé de la conjonction, la répétiton du pronom personnel devient encore nécessaire : *hy onderneemt het, en vermoedelyk zal hy gelukkig slagen*, il l'entreprend, et peut-être réussira-t-il.

Quand un nom et un verbe exposent une chose d'une manière générale, ils ne se répètent point, lorsqu'ensuite on la détermine d'une manière plus précise; exemple : *hy en zyn broeder hebben veel geschreven, den eenen over de natuerkunde, den anderen over de godgeleerdheyd*, lui et son frère ont beaucoup écrit, l'un sur la physique, l'autre sur la théologie. Souvent aussi, quand un verbe a rapport à deux personnes, on ne l'exprime qu'une fois ; exemple : *gy verlangt dit, hy dat*, vous désirez ceci, lui cela. *Dezen bemint de letteroefeningen, genen den koophandel*, l'un aime l'étude, l'autre le commerce. *Hy is een man van groot vermogen, zy eene vrouw van uytmuntende hoedanigheden*, il est un homme d'un grand pouvoir, elle une femme douée d'excellentes qualités.

Des Nombres, ou du Singulier et du Pluriel des Verbes.

Les verbes se conforment toujours, à l'égard du singulier et du pluriel, aux personnes ou aux choses auxquelles ils se rapportent : *de klok slaet*, la cloche sonne ; *de hanen kraeyen*, les coqs chantent. Si deux ou plusieurs objets du singulier et de la troisième personne se joignent ensemble au moyen de la conjonction *en*, et, le verbe se met au pluriel : *heldenmoed en menschlievendheyd waren onafscheydbaer met hem vereenigd*, la valeur et l'humanité étaient inséparables de lui. Quelquefois cependant on met, en pareil cas, le verbe au singulier, exemple : *daer was een regtsgeleerde en een krygsman*, il y avait un jurisconsulte et un militaire ; même quand un des noms est au pluriel : *daer was een regtsgeleerde en twee krygslieden*, il y avait un jurisconsulte et deux militaires ; pareillement dans l'arithmétique : *zes en een is zeven*, six et un font sept ; *zes en acht is veertien*, six et huit font quatorze, etc. On dit encore : *er is meer dan een geleerden geweest*, il y a eu plus d'un savant ; c'est-à-dire *er zyn verscheydene geleerden geweest*, il y a eu plusieurs savans ; car *meer dan een* marque pluralité : c'est par cette raison qu'on dit aussi : *er is meer dan een geleerden geweest die dit beweerd hebben*, il y a eu plus d'un savant qui ont prétendu cela. *Alles*, au contraire, régit le verbe au pluriel, quand le substantif suivant est au même nombre : *dat alles zyn onschuldige vermaken*, tout cela sont d'innocens plaisirs.

Quand différentes personnes sont jointes à un verbe, la première l'emporte sur la seconde, et la seconde sur la troisième; de manière que, si la première est accompagnée de la seconde ou de la troisième, ou de toutes deux, le verbe doit se mettre à la première du pluriel; exemple : *gy en ik*, ou *ik en gy, hy en ik*, ou *ik en hy weten dat niet*, vous et moi, lui et moi, nous ne savons pas cela; *ik, gy en hy weten dat niet*, vous, lui et moi, nous ne savons pas cela. Et si un des pronoms est de la seconde personne, l'autre de la troisième, le verbe se met à la seconde du pluriel : *gy en hy*, ou *hy en gy hebt dat niet geweten*, vous et lui, vous n'avez pas su cela.

Des Temps des Verbes.

Un temps s'emploie souvent pour un autre, par exemple, le présent pour le parfait : *myn broeder zegt, dat hy morgen by u zal komen*, mon frère dit qu'il viendra vous voir demain, c'est-à-dire *myn broeder heeft gezegd*, mon frère a dit. De même le présent pour le futur : *ik spreek u morgen nader*, je vous parle demain ultérieurement, c'est-à-dire : *ik zal u morgen nader spreken*, je vous parlerai demain ultérieurement, ou plutôt, je vous en dirai demain davantage.

Il est surtout d'usage, dans des récits animés, et lorsqu'on veut, en quelque sorte, mettre sous les yeux des choses passées, d'employer le présent pour l'imparfait : *voor eenige dagen doe ik eene wandeling, struykel over eenen steen, en verstuyk mynen arm, gelukkig komt, op dat tydstip, een heelmeester langs dien weg, ik verhael hem myn ongeluk, en hy brengt mynen arm weder in het lid, enz.*, je fais, il y a quelques jours, une promenade, je heurte contre une pierre, et me démets le bras; heureusement en ce moment vient de ce côté un chirurgien, je lui raconte mon malheur, et il me remet le bras, etc. Cependant cette manière de s'exprimer appartient, en partie, au langage familier, en partie au style poétique.

Enfin, une proposition doit être continuée en faisant usage du même temps qu'on a employé en la commençant; exemple: *ik gaf alles wat ik had*, je donnais tout ce que j'avais, et non: *wat ik heb*, ni *wat ik gehad heb*. C'est pourquoi il faut aussi que la réponse soit au même temps que la demande: *hebt gy den nieuwen keyzer gezien*, avez-vous vu le nouvel empereur? *ik heb hem gezien*, je l'ai vu.

Des Modes des Verbes.

Il paraît quelquefois douteux s'il faut mettre le verbe à l'indicatif ou au subjonctif. On peut cependant établir, comme règle générale, que quand on énonce une chose comme positive et certaine, il faut employer l'indicatif, exemple: *hy slaept*, il dort; *wy vielen*, nous tombâmes; *zult gy komen*, viendrez-vous? *Ik zeg dat het waer is*, je dis que c'est vrai, etc.; mais que si l'on énonce une chose comme douteuse et incertaine, il faut, en ce cas, faire usage du subjonctif avec ou sans conjonctions, comme nous l'avons déjà fait voir par plusieurs exemples, en traitant des modes des verbes.

Ce n'est cependant pas des conjonctions, mais du sens

douteux et indéterminé de la proposition que dépend le subjonctif ; c'est ce qui se voit assez clairement, en ce qu'une chose n'est pas plutôt énoncée comme certaine, que ces mêmes conjonctions, au moins quelques-unes, qui auparavant régissaient le subjonctif, exigent alors l'indicatif. Exemple : *al kwame hy nu, zou het reeds te laet zyn*, quand même il viendrait à présent, il serait déjà trop tard, et : *al lyd ik gebrek, vraeg ik echter niet om ondersteuning*, quoique je sois dans le besoin, je ne demande cependant pas de soutien. *Ik vrees dat hy reeds overleden zy*, je crains qu'il ne soit déjà mort ; *ik vrees dat hy zyne les niet weet*, je crains qu'il ne sache pas sa leçon ; *ik twyfel dat hy ga*, je doute qu'il aille ; *ik twyfel niet of zy slape*, je ne doute pas qu'elle ne dorme ; *er is niemand of hy slape nu*, il n'y a personne qui ne dorme maintenant ; *er is niemand die het wete*, il n'y a personne qui le sache ; *ik wensche dat zy het wete*, je désire qu'elle le sache ; *God geve dat hy kome*, plaise à Dieu qu'il vienne ; *ik zie, dat het goed gedaen is*, je vois que c'est bien fait.

L'imparfait du subjonctif exprime une chose incertaine, en partie présente, et en partie future : *dat hy het maer dede*, s'il le faisait seulement ; *ik twyfelde dat hy sliep*, je doutais qu'il dormît ; *ik twyfelde niet of hy sliep*, je ne doutais pas qu'il ne dormît ; *ik vreesde dat zy viele*, je craignis qu'elle ne tombât ; *ik vreesde dat hy my niet betaelde*, je craignis qu'il ne me payât pas ; *er was niemand of hy sprake er van*, il n'y eut personne qui n'en parlât ; *er was niemand die sprake*, il n'y eût personne qui parlât ; *ik wenschte dat hy kwame*, je voudrais qu'il vînt ; *God gave dat zy gelukkiger ware*, plût au ciel qu'elle fût plus heureuse. Le parfait de ce mode signifie une chose passée, mais comme incertaine : *ik twyfel, of hy daeraen wel moeyte genoeg besteed hebbe*, je doute qu'il y ait donné assez de soin. Le plus-que-parfait du même mode indique qu'une chose serait arrivée, si une autre condition possible eut été remplie : *hy ware een beroemd man geworden, hadde hy langer geleeft*, il serait devenu un homme célèbre, s'il eût vécu plus long-temps.

Quant à l'emploi de l'impératif, il en a été déjà parlé. Nous remarquerons seulement encore ici, qu'on s'en sert aussi souvent pour exprimer brièvement un cas possible : *wees zonder vriend, hoe veel verliest uw leven*, soyez sans ami, quelle perte pour votre vie ; c'est-à-dire, *wanneer gy zonder vriend zyt*, quand vous êtes sans ami.

L'infinitif désigne une action d'une manière vague et indéterminée : *ik wil gaen*, je veux aller, *ik moet lagchen*, je ne puis m'empêcher de rire, etc. ; et il s'emploie aussi comme substantif : *het zingen is eene aengename uytspanning*, chanter est un agréable délassement ; *ik werd door haer zingen verrukt*, je fus ravi de son chant ; *hoog zingen kan voor de borst schadelyk zyn*, chanter haut peut nuire à la poitrine ; *geheele verhalen zingen is niet eygenaerdig*, chanter des récits entiers n'est pas naturel.

Il a été parlé avec détail des participes dans le chapitre précédent, nous nous bornerons ici aux remarques suivantes : les participes actifs peuvent être accompagnés du cas que régissent les verbes auxquels ils appartiennent. Exemple : *de vrucht dragende aerde*, la terre qui porte des fruits ; *den zich zelven behagenden dwaes*, le fou qui se plaît à lui-même. Les participes passés s'emploient aussi quelquefois dans un sens actif, comme : *den ingebeelden zieken*, le malade imaginaire; *die zich inbeeldt ziek te zyn*, qui s'imagine être malade; *uytgediende soldaten*, des soldats qui ont fait leurs années de service; *die uytgediend hebben; een godvergeten mensch*, un homme qui oublie Dieu; *die God vergeet*, etc.

Enfin nous avons encore à parler de l'emploi des participes, dans une certaine façon de parler, qui consiste en un nom et un participe, lesquels n'ont, pour ainsi dire, point de liaison avec le reste de la phrase, et forment une espèce d'ablatif absolu. Ex. : *dit afgedaen zynde, ging men tot andere zaken over*, cela fait, on passa à d'autres affaires; *den koning gestorven zynde, verkoos men eenen anderen*, le roi étant mort on en choisit un autre, etc. Quelques-uns prétendent que c'est proprement du sixième cas, ou plutôt du troisième qu'il faut se servir ici : *den koning gestorven zynde*, etc., cependant le contraire est démontré, parce qu'on dit : *hy gesproken hebbende, zal ik beginnen*, lorsqu'il aura parlé, je commencerai, et non *hem gesproken hebbende*. Toutefois cette locution paraît provenir d'une mauvaise imitation des Latins; il est donc mieux de l'éviter dans notre langue, et de se servir d'une périphrase, comme, par exemple : *toen dit afgedaen was, ging men*, etc.; *nadat hy*, ou *nadat den koning gestorven was, verkoos men*, etc.; *als hy gesproken heeft, zal ik*, etc.

Des Auxiliaires.

Au lieu de répéter l'auxiliaire avec chaque verbe, lorsqu'il y en a plusieurs, on ne l'exprime qu'une fois : *ik hoop, dat hy eerlang tot inkeer komen, met schaemte naer zyn vorig gedrag te rug zien, en zyn leven verbeteren zal*, j'espère qu'il rentrera bientôt en lui-même, considérera sa conduite passée, et se corrigera ; *het is iets, hetwelk ik nooyt vermoed, ja, waeraen ik nooyt gedacht heb*, c'est ce que je n'ai jamais soupçonné, c'est à quoi je n'ai jamais pensé. *Hy zal vervolgd, gevangen en gestraft worden*, il sera poursuivi, saisi et puni. Quelquefois cependant il est nécessaire de répéter l'auxiliaire, comme, par exemple, quand on veut renforcer le sens et marquer une gradation : *ik zal hem spreken, ik zal my voor zyne voeten werpen, ik zal hem door myne tranen bewegen*, je lui parlerai, je me jetterai à ses pieds, et je le fléchirai par mes larmes.

De la liaison d'un Verbe avec un autre.

Cette liaison se fait, ou par le moyen des conjonctions, comme : *hy kwam en vertrok weder*, il vint et s'en retourna ; *ik wist het wel, maer wilde het niet zeggen*, je le savais bien, mais je ne voulais pas le dire ; ou en plaçant deux verbes de suite, dont l'un est, soit un participe appartenant en quelque sorte au premier verbe, soit un infinitif, avec ou sans la particule *te*. C'est de cette dernière liaison que nous allons parler ici.

Les participes se lient aux verbes, de cette manière : *ik vond hem schreyende, en zag de rust zyner ziel gestoord*, je le trouvai qui pleurait, et je vis que le repos de son âme était troublé. De même on dit avec le participe passé : *hy kwam gereden*, il vint à cheval ; *daer komt hy aengeloopen*, le voilà qui accourt, etc. ; pareillement : *wy gaen verloren*, nous nous perdons ; *ik wil hem niet geslagen hebben*, je ne veux pas qu'on le frappe ; *ik wil het gelezen hebben*, je veux qu'on le lise, c'est-à-dire, *ik wil niet dat men hem sla, ik wil dat het gelezen worde*.

L'infinitif, sans la particule *te*, se lie :

1°. Aux verbes qui désignent seulement une circonstance vague, l'action elle-même étant exprimée par l'infinitif. Tels sont *durven*, oser ; *kunnen*, pouvoir ; *laten*, laisser ; *mogen*, avoir la permission ; *willen*, vouloir; *moeten*, devoir ; *zullen*, signe du futur ; comme : *ik durf spreken*, j'ose parler ; *hy kan niet loopen*, il ne peut pas courir, etc.

2°. A quelques autres, auprès desquels l'infinitif suivant tient lieu de substantif. Ces verbes sont *voelen*, sentir; *helpen*, aider ; *hooren*, entendre ; *leeren*, apprendre ; *zien*, voir ; *noemen*, nommer ; et *heeten*, appeler. Exemple : *ik voel myn hert (hart) kloppen*, je sens palpiter mon cœur ; *hy hielp my arbeyden*, il m'aida à travailler ; *dat heet ik zingen*, voilà ce que j'appelle chanter (quand *heeten* est employé dans la signification d'ordonner, il régit l'infinitif avec la particule *te*); etc. De même *blyven*, rester : *hy bleef zitten*, il resta assis ; etc. ; *gaen*, aller : *gaen zien*, aller voir ; etc. ; et dans le style familier : *gaen eten*, aller manger ; *gaen, schryven*, aller écrire ; *gaen zitten*, aller s'asseoir; etc. ; *komen*, employé pour marquer la proximité de quelque chose : *ik kom morgen by u eten*, je viens demain dîner chez vous ; etc. ; *vinden* : *ik vond hem by zynen broeder zitten*, je le trouvai assis auprès de son frère, etc.

Il faut encore remarquer ici, que les verbes susmentionnés *hooren*, entendre, et *zien*, voir, peuvent souvent donner lieu à des équivoques, attendu que les infinitifs qui leur sont joints peuvent être pris dans un sens actif; exemple : *ik hoor hem roepen*, je l'entends appeler ; c'est-à-dire, j'entends qu'il appelle, ou qu'il est appelé. *Ik zag hem slaen*, je le vis frapper ; c'est-à-dire, je vis qu'il frappa ou qu'il fut frappé, etc. Il faut éviter ces équivoques en employant une périphrase.

D'autres verbes régissent l'infinitif avec la particule *te*, lorsque cet infinitif désigne l'objet de l'action, comme : *hy begeert u te spreken*, il désire vous parler ; *het behage u my te hooren*, qu'il vous plaise de m'écouter, *ik hoop, wensch, verlang u te zien*, j'espère, je désire, je souhaite vous voir ; et plusieurs autres. De même avec le participe passé : *hy scheen door den slaep overmeesterd te zyn*, il parut accablé par le sommeil ; *hy bekende het gedaen te hebben*, il avoua l'avoir fait ; etc. *Zyn* être, et *hebben*, avoir, demandent aussi l'infinitif avec *te* ; exemple : *hy is daer altoos te vinden*, il s'y trouve toujours, c'est-à-dire, *kan daer altyd gevonden worden*, etc. *Ik heb nog veel te doen*, j'ai encore beaucoup à faire ; c'est-à-dire, *ik moet nog veel doen*, etc. Afin de faire voir plus clairement le but, ou le motif d'une action, on y ajoute le particule *om*, pour : *ik kwam om u te zeggen*, je suis venu pour vous dire ; etc. ; *alleen om u te zien, ben ik hier gekomen*, c'est seulement pour vous voir que je suis venu ici, etc.

Le mot *zonder*, sans, est également suivi de l'infinitif avec *te* : *hy vertrok zonder afscheyd te nemen*, il partit sans dire adieu ; de même que plusieurs adjectifs, comme : *begeerig*, désireux ; *moeyelyk*, difficile ; *waerdig*, digne, etc. Dans le cas où l'infinitif est le sujet de la phrase, il se construit avec *te* : *God te dienen is de eerste pligt*, servir Dieu est le premier devoir ; et, en tournant la phrase : *de eerste pligt is God te dienen*, le premier devoir est de servir Dieu, etc.

Les verbes qui prennent après eux l'infinitif sans *te*, conservent au parfait et au plus-que-parfait, la forme de l'infinitif ; exemple : *ik heb helpen dragen*, j'ai aidé à porter ;

hy heeft zien vallen, il a vu tomber, etc.; ceux, au contraire, qui prennent après eux l'infinitif, précédé de *te*, se conjuguent dans les temps précités comme d'ordinaire ; exemple : *Ik heb getracht wetenschap te verkrygen*, j'ai tâché d'acquérir de la science; non : *Ik heb wetenschap trachten te verkrygen*, etc. *Staen*, être debout ; *liggen*, être couché ; *zitten*, être assis ; font exception : *Ik heb staen wachten*, j'ai attendu ; *ik heb liggen slapen*, je suis resté au lit ; *ik heb zitten schryven*, j'ai continué à écrire ; etc. *Komen*, venir, employé pour *gebeuren*, arriver, conserve la forme de l'infinitif, quoique celui-ci soit précédé de la particule *te* : *hy is komen te overlyden*, il est venu à mourir, etc.

De la liaison d'un Verbe avec un Substantif.

La liaison d'un verbe avec un substantif se fait de deux manières : premièrement, quand le substantif régit le verbe; secondement, quand le substantif est régi par le verbe.

Dans le premier cas, le verbe s'accorde en nombre et en personne avec le substantif, comme : *Hyacinthus leest*, Hyacinthe lit; *de klokken slaen*, les cloches sonnent; *gy lieden hebt het gezegd*, vous autres, vous l'avez dit. Si le régime est un infinitif, cet infinitif est précédé des particules *te*, *om te*, ou *van* ; exemple : *heb ik het geluk u wel te zien*, ai-je le bonheur de vous voir en bonne santé ? *Gy hebt vryheyd te vertrekken*, ou *om te vertrekken*, il vous est libre de partir.

Dans le second cas, le régime est indiqué par la déclinaison du substantif ou de son article, et, si elle n'est pas suffisante, par le moyen des prépositions. Exemple : *Ik sloeg den hond*, je frappai le chien; *zich zyner roekeloosheyd schamen*, ou *over zyne roekeloosheyd*, avoir honte de sa témérité, etc.

Les verbes *syn*, être; *worden*, devenir, être; *blyven*, demeurer; *heeten*, appeler; et *schynen*, paraître; peuvent avoir deux premiers cas. Ex. : *Salomo was een koning*, Salomon était un roi; *hy word een man*, il devient un homme, etc. De même plusieurs autres verbes avec la particule *als*; exemple : *hy bloeyt als eene roos*, il fleurit comme une rose; *hy sneuvelde als een held*, il périt en héros, etc.

Avec les verbes réfléchis, le substantif, précédé de *als*, se règle sur le pronom personnel. Ainsi on dit : *hy gedroeg zich als een held*, il se comporta en héros, non *als eenen held*, attendu que c'est comme si l'on disait : *hy gedroeg zich, zoo als een held zich gedraegt*. Il en est de même des verbes réfléchis employés impersonnellement : *het behaegde u als (aen) eenen vader, die*, etc., il vous plaisait comme à un père, qui, etc.

Quelques verbes se construisent aussi avec un deuxième cas ou génitif; exemple : *gedenk onzer*, souvenez-vous de nous; *ontferm u onzer*, ayez pitié de nous, etc. Cependant aujourd'hui ils sont ordinairement employés avec des prépositions; exemple : *aen iemand gedenken*, penser à quelqu'un, *zich over iemand ontfermen, erbarmen (erbermen)*, avoir pitié, compassion de quelqu'un, etc.

Plusieurs verbes, tant actifs que neutres, régissent le troisième cas ou le datif; verbes actifs : *iemand iets onthouden, betalen*, retenir quelque chose à quelqu'un, payer quelque chose à quelqu'un, etc.; verbes neutres : *dat geviel my*, cela me plut; *de haren vallen hem uyt*, les cheveux lui tombent; *u geschiedt onregt*, on vous fait tort; etc.

Tout verbe actif veut proprement un quatrième cas ou accusatif, comme l'objet sur lequel l'action porte immédiatement, lequel quatrième cas se change en premier, dès que le verbe se présente sous la forme passive : *ik zag hem*, je le vis; *hy werd door my gezien*, il fut vu de moi; *den storm vernielde myne wooning*, l'orage détruisit ma demeure; *myne wooning werd door den storm vernield*, ma demeure fut détruite par l'orage, etc. Il en est de même du verbe *laten*, laisser, mais seulement à l'égard de l'actif, et lorsqu'il est accompagné de l'infinitif d'un autre verbe : *laet hem loopen*, laissez-le courir; *laet my gaen*, laissez-moi aller; *laet ons bidden*, laissez-nous prier, etc.; non *laet ik*, *laet hy*, *laten wy*.

Avec les verbes réfléchis, le pronom réfléchi se met aussi au quatrième cas : *ik bezin my*, je me rappelle; *gy verheugt u*, vous vous réjouissez, etc. (1). De même avec plusieurs verbes impersonnels : *het betreft u*, cela vous regarde; *het berouwt my*, je me repens, etc.

Plusieurs verbes neutres se construisent aussi quelquefois avec un quatrième cas; exemple : *zich eenen bogchel (bult) lagchen*, pâmer de rire, littéralement se rire une bosse; *bloed zweeten*, suer du sang; *de trappen op-en afloopen*, monter et descendre les escaliers, etc.; comme aussi quelques impersonnels; exemple : *het sneeuwt groote vlokken*, il tombe de gros flocons de neige; *het hagelt heele steenen*, il tombe de gros grêlons.

---

(1) Il n'en est pas ainsi dans *zich iets herinneren*, se rappeler quelque chose; *iemand iets toevertrouwen*, confier quelque chose à quelqu'un; où la chose est placée au quatrième, et la personne au premier cas.

Enfin la fixation du temps s'exprime aussi par un quatrième cas : 1°. à la question quand ? *Hy kwam den tienden dag na zyn vertrek weder te huys*, il revint à la maison le dixième jour après son départ; 2°. à la question combien de temps? *Ik heb den ganschen dag naer hem gewacht*, je l'ai attendu toute la journée; 3°. à la question combien de fois? *ik zie hem elken dag*, je le vois chaque jour; de même la grandeur, la largeur, la pesanteur, la valeur et le prix d'une chose : *hy is eenen duym gegroeyd*, il a grandi d'un pouce; *het kost eenen gulden*, cela coûte un florin; *het weegt een pond*, cela pèse une livre, etc. Dans plusieurs autres cas l'accusatif dépend des prépositions.

DE L'EMPLOI DES PETITES PARTIES DU DISCOURS.

Des Noms de nombre.

Les noms de nombre se placent ordinairement devant les substantifs ; exemple : *acht stuyvers*, huit sous ; *vier dagen*, quatre jours ; quelquefois cependant ils se mettent aussi après : *in het jaer een duyzend acht honderd en zes*, l'an mil huit cent six. De même, mais en chiffres : *boek* 1, *hoofdstuk* 4, *vers* 6, livre 1, chapitre 4, vers 6, etc. A l'égard des nombres d'heures, il faut observer que le pluriel *uren*, heures, est toujours accompagné d'un verbe au singulier : *het is vier, vyf uren*, il est quatre heures, cinq heures, c'est-à-dire : *het is zoo laet, dat de klok vier, vyf uren slaet*, il est si tard que la cloche sonne quatre, cinq heures. Quelquefois le mot *uer* se supprime : *het slaet*, ou *de klok slaet dry*, *half vier*, trois heures, trois heures et demie sonnent, etc. De même : *hy kwam voor vyven, na vieren*, il vint avant cinq heures, après quatre heures, etc. Si l'on exprime *uren*, heures, il faut dire *voor vier uren*, avant quatre heures ; *om, na vyf uren*, sur les cinq heures, après les cinq heures; *te zes uren*, à six heures, etc.

Un nom de nombre pluriel est naturellement accompagné d'un substantif pluriel ; exemple : *dertien brooden*, treize pains ; *honderd kazen*, cent fromages, etc. ; mais si le nombre est d'un au-dessus de cent ou de mille, alors le substantif se met au singulier, ex. : *dry honderd en eene pen*, trois cent une plumes ; *vier duyzend en een jaer*, quatre mille et un an, etc. ; c'est comme s'il y avait : *honderd pennen en eene pen*, cent plumes et une plume, etc. Quand des mesures, des sommes et des poids sont considérés comme réunis, ils se mettent au singulier, quoiqu'ils soient précédés d'un nom de nombre pluriel, ainsi on dira : *daer is vier last tarwe*, voilà quatre lasts de froment, si l'on veut représenter cette quantité comme mise en tas. De même : *daer is honderd gulden*, il y a cent florins, lorsqu'on veut uniquement énoncer la somme, et non l'espèce particulière de monnaie. Si, au contraire, on veut représenter ces lasts comme séparés, et cette somme de cent florins comme autant de pièces de vingt sous, alors il faut dire : *daer zyn vier lasten tarwe, daer zyn honderd guldens*. Par la même raison on dira aussi : *tien ponden koffi*, dix livres de café, chaque livre étant péséé et empaquetée séparément : *een baeltje koffi van honderd pond*, un petit ballot de café de cent livres. Les noms de nombre composés du mot *half*, quoiqu'ils signifient toujours pluralité, veulent aussi le nom suivant au singulier; exemple : *ander half jaer*, un an et demi; *in vierdhalven dag*, dans trois jours et demi, etc.

Quand on emploie *aller* avec le superlatif des adjectifs, comme: *den allerbesten, den allergrootsten*, le meilleur, le plus grand, c'est-à-dire, *den besten, den grootsten van allen*, le meilleur, le plus grand de tous, alors il faut qu'il soit questions de plusieurs personnes ou de plusieurs choses, au moins de trois, dont une est la meilleure, la plus grande de toutes, *een allerbesten, den allergrootsten*, ce qui ne peut se dire de deux.

Des Adverbes.

C'est toujours mal-à-propos qu'on se sert d'un adverbe, quand le sens de la phrase demande un adjectif. On dit, par exemple, très-bien : *hy heeft den mond vol*, il a la bouche remplie; *ik gaf hem de handen vol*, je lui remplis les mains, parce que l'adverbe *vol* se rapporte proprement au verbe *hebben*, avoir, et *geven*, donner; mais ce sera mal s'exprimer que de dire : *hy heeft de wangen rood*, au lieu de : *hy heeft roode wangen*, il a les joues rouges; attendu que *rood* se rapporte à *wangen*, joues, et non à *hebben*, avoir.

Quelquefois l'adverbe peut-être rapporté à l'objet régi aussi bien qu'au verbe; exemple : *hy beschryft hem eenvoudig*, il le décrit simplement, ou d'une manière simple. Mais quand on veut faire rapporter l'adverbe *eenvoudig*, non à *beschryven*, décrire, mais à *hem*, lui, alors il est mieux de faire disparaître l'équivoque en employant quelque autre tour, et on dira : *hy beschryft hem als eenvoudig*, ou *als eenen eenvoudigen man*. Il le décrit ou le dépeint comme un homme simple.

Les adverbes se placent toujours là où leur effet est requis, comme : *het is een altyd werkzaem man*, c'est un homme toujours actif, et non : *het is altyd een werkzaem man*, c'est toujours un homme actif. *Het is ons niet geoorloofd dit te doen*, il ne nous est pas permis de faire cela, et non : *het is ons geoorloofd dit niet te doen*, ce qui signifie, il nous est permis de ne pas faire cela.

Pour énoncer une égalité dans la manière d'agir, on emploie les particules *zoo* et *als*, aussi que, de même que; *hy zingt zoo fraey als zy*, il chante aussi joliment qu'elle. Pour signifier un degré inégal d'action, on se sert de la particule *dan*, que : *hy zingt liefelyker dan zy*, il chante plus agréablement qu'elle. Elève-t-on un objet, relativement à cette action, au-dessus de tout autre, on fait usage du superlatif : *hy zingt het beste*, il chante le mieux, ou avec *ten* et *op het* : *ten ernstigste*, *ten sterkste*, le plus sérieusement, le plus fortement, etc.

L'adverbe négatif *niet*, ne pas, ne peut point s'employer avec un verbe qui renferme déjà une négation ; exemple : *hy ontkende het niet gedaen te hebben*, au lieu de : *hy ontkende het gedaen te hebben*, il nia l'avoir fait ; même quand la négation n'est pas si marquée : *wacht u, het niet te zeggen*, au lieu de : *wacht u, het te zeggen*, gardez-vous de le dire. Quelquefois *niet* sert à renforcer l'expression affirmative : *o! wat heb ik van hem niet al gehoord!* oh! que n'ai-je pas entendu dire de lui!

Des Prépositions.

Quand deux ou plusieurs substantifs sont accompagnés de la même préposition, on peut, ou la répéter chaque fois, ou ne l'exprimer qu'une fois; exemple : *door list, bedrog en verraed*, par ruse, tromperie et perfidie, ou *door list, door bedrog*, etc. Lorsqu'on dit quelque chose avec énergie, la répétition peut être nécessaire; exemple : *ik heb niet alleen over myne, maer ook over uwe, en over uws broeders zaek gesproken*, j'ai parlé non-seulement de mon affaire, mais aussi de la vôtre et de celle de votre frère.

Deux prépositions, qui se suivent immédiatement, rendent ordinairement la diction dure et désagréable, comme: *met van inkt doortrokkene pennen kan men niet wel schryven*, avec des plumes remplies d'encre, on ne peut pas bien écrire; on dit mieux: *met pennen, welke van inkt doortrokken zyn, kan men*, etc.

Quelques prépositions se placent toujours après les mots, comme: *vriendschapshalve*, par amitié; *ambtswege*, en vertu de la charge; *stadwaerts*, vers la ville; *oostwaerts*, vers l'orient; *mywaerts*, vers moi, etc.

La préposition *te* se joint à quelques substantifs qui, par-là, deviennent une espèce d'adverbes, comme, *te moede ; blyd, droef te moede zyn*, être gai, triste, etc. C'est ainsi que s'écrivait ci-devant *te vrede*, content; mais ce mot a déjà pris la nature et la forme d'un adjectif, et l'on écrit *tevreden* : *een met zyn lot tevreden mensch*, un homme content de son sort, non *te vrede*. De même *tevredenheyd*, contentement; *ontevreden*, mécontent, etc.

Des Conjonctions.

Les noms entre lesquels se placent les conjonctions copulatives, disjonctives et exclusives, s'accordent toujours en cas, mais non en genre ni en nombre, comme : *dat is hem en ons gebeurd*, cela est arrivé à lui et à nous ; *ik heb noch hem, noch haer gezien*, je n'ai vu ni lui, ni elle. *Ik gaf het den vader en zynen kinderen*, je le donnai au père et à ses enfans.

On dit ordinairement que certaines conjonctions régissent l'indicatif et d'autres le subjonctif ; mais nous avons vu plus haut que cette assertion n'est pas fondée, et nous avons vu en même temps que le mode où un verbe doit être mis, dépend uniquement de la certitude ou de l'incertitude de la proposition. Malgré cela, il y a plusieurs conjonctions qui ne prennent jamais le subjonctif, tandis que d'autres le demandent toujours, et c'est à la première catégorie qu'appartiennent : *want*, car ; *omdat*, parce que ; *dewyl*, attendu que ; *vermits*, puisque ; *naerdien*, vu que ; *zoo dat*, de sorte que ; *waerom*, c'est pourquoi ; et bien d'autres qui ne conviennent point à des propositions incertaines : *dewyl den dag voorby is*, attendu que le jour est passé ; *vermits ik het goed reeds ontvangen heb*, puisque j'ai déjà reçu les marchandises, etc. A la seconde espèce se rapportent : *opdat*, pour que ; *ten eynde*, afin que ; *mits*, pourvu que ; et *ten zy*, à moins que ; exemple : *ik zal hem helpen, opdat hy zyn oogmerk moge bereyken*, je l'aiderai pour qu'il puisse atteindre son but ; *ten eynde hy zyn oogmerk bereyke*, afin qu'il atteigne son but ; *mits hy mynen raed volge*, pourvu qu'il suive mon conseil ; *ten zy hy het zich geheel onwaerdig make*, à moins qu'il ne s'en rende tout-à-fait indigne, etc.

Des Interjections.

Comme les interjections expriment seulement certaines sensations, et non des propositions claires, et ne sont par conséquent, pas susceptibles de liaison entr'elles dès-lors elles ne peuvent ni régir un mot, ni en être régies. Elles se présentent cependant avec des cas, mais ceux-ci sont seulement déterminés par le rapport sous lequel on présente les personnes, ou les choses, comme : *Ach ! ik ellendigen !* Ah ! malheureux que je suis ! *wel hem !* puisse-t-il être heureux ! bienheureux qui, etc. ; *wee u*, malheur à vous, etc. Elles se placent au commencement, au milieu et à la fin d'une phrase ; exemple : *ach ! hoe klopt my het hart (hert) !* ah ! comme le cœur me bat ! *ben ik dan, helaes ! voor het ongeluk geschapen !* suis-je donc, hélas ! né pour le malheur ! *wat zal ik zeggen, ach !* que dirai-je, ah !

TABLE

DES VERBES IRRÉGULIERS DE LA LANGUE FLAMANDE.

AENTYGEN, accuser; prés. ind. *ik tyg aen*, j'accuse; imparf. *ik teeg aen*, j'accusais; *wy tegen aen*, nous accusions; participe passé, *aengetegen*, accusé.

BAKKEN, cuire; prés. ind. *ik bak*, je cuis; imparf. *ik bakte (biek)*, je cuisais; participe passé, *gebakken*, cuit.

BEDERVEN, gâter; prés. ind. *ik bederf*, je gâte; *wy bederven*, nous gâtons; imparf. *ik bedierf*, je gâtais; *wy bedierven*, nous gâtions, participe passé, *bedorven*, gâté.

BEDRIEGEN, tromper; prés. ind. *ik bedrieg*, je trompe; imparf. *ik bedroog*, je trompais; *wy bedrogen*, nous trompions; participe passé, *bedrogen*, trompé.

BEVELEN, commander; prés. ind. *ik beveel*, je commande; *wy bevelen*, nous commandons; imparf. *ik beval*, je commandais; *wy bevolen*, nous commandions; participe passé, *bevolen*, commandé.

BEZINNEN, se rappeler; prés. ind. *ik bezin my*, je me rap-

(ZICH) pelle; imparf. *ik bezon my*, je me rappelais; participe passé, *bezonnen*, rappelé.

BEZWYKEN, succomber; prés. ind. *ik bezwyk*, je succombe; imparf. *ik bezweek*, je succombais; *wy bezweken*, nous succombions; participe passé, *bezweken*, succombé.

BIDDEN, prier; prés. ind. *ik bid*, je prie; imparf. *ik bad*, je priais; *wy baden*, nous priions; participe passé, *gebeden*, prié.

BIEDEN, offrir; prés. ind. *ik bied*, j'offre; imparf. *ik bood*, j'offrais; *wy boden*, nous offrions; participe passé, *geboden*, offert.

BINDEN, lier; prés. ind. *ik bind*, je lie; imparf. *ik bond*, je liais; part. passé, *gebonden*, lié.

BYTEN, mordre; prés. ind. *ik byt*, je mords; imparf. *ik beet*, je mordais; *wy beten*, nous mordions; part. passé, *gebeten*, mordu.

BLAZEN, souffler; prés. ind. *ik blaes*, je souffle; *wy blazen*, nous soufflons; imparf. *ik blies*, je soufflais, *wy bliezen*, nous soufflions; part. passé, *geblazen*, soufflé.

BLYKEN, sembler; prés. ind. *het blykt*, il semble; imparf. *het bleek*, il semblait; participe passé, *gebleken*, semblé.

BLYVEN, demeurer; prés. ind. *ik blyf*, je demeure; *wy blyven*, nous demeurons; imparf. *ik bleef*, je demeurais; *wy bleven*, nous demeurions; part. passé, *gebleven*, demeuré.

BRADEN, rôtir; prés. ind. *ik braed*, je rôtis; *wy braden*, nous rôtissons; imparf. *ik bried* (aussi *braedde*), je rôtissais; part. passé, *gebraden*, rôti.

BREKEN, rompre; prés. ind. *ik breek*, je romps; *wy breken*, nous rompons; imparf. *ik brak*, je rompais; *wy braken*, nous rompions; part. passé, *gebroken*, rompu.

BRENGEN, apporter; prés. ind. *ik breng*, j'apporte; imparf. *ik bragt*, j'apportais; part. passé, *gebragt*, apporté.

BUYGEN, plier; prés. ind. *ik buyg*, je plie; imparf. *ik boog*, je pliais; *wy bogen*, nous pliions; part. passé, *gebogen*, plié.

DENKEN, penser; prés. ind. *ik denk*, je pense; imparf. *ik dacht*, je pensais; part. passé, *gedacht*, pensé.

DOEN, faire; prés. ind. *ik doe*, je fais; *wy doen*, nous faisons; imparfait, *ik deed*, je faisais; *wy deden*, nous faisions; part. passé, *gedaen*, fait.

DRAGEN, porter; prés. ind. *ik draeg*, je porte; *wy dragen*, nous portons; imparf. *ik droeg*, je portais; part. passé, *gedragen*, porté.

DRINGEN, presser; prés. ind. *ik dring*, je presse; imparf. *ik drong*, je pressais; participe passé, *gedrongen*, pressé.

DRINKEN, boire; prés. ind. *ik drink*, je bois; imparf. *ik dronk*, je buvais; part. passé, *gedronken*, bu.

DRYVEN, flotter; prés. ind. *ik dryf*, je flotte; *wy dryven*, nous flottons; imparf. *ik dreef*, je flottais; *wy dreven*, nous flottions; part. passé, *gedreven*, flotté.

DRUYPEN, couler; prés. ind. *het druypt*, il coule; imparf. *het droop*, il coulait; *zy dropen*, ils coulaient; part. passé, *gedropen*, coulé.

Duyken, plonger; prés. ind. *ik duyk*, je plonge; imparf. *ik dook*, je plongeais; *wy doken*, nous plongions; part. passé, *gedoken*, plongé.

Dwingen, forcer; prés. ind. *ik dwing*, je force; imparf. *ik dwong*, je forçais; part. passé, *gedwongen*, forcé.

Eten, manger; prés. ind. *ik eet*, je mange; *wy eten*, nous mangeons; imparf. *ik at*, je mangeais; *gy aet, hy at, wy aten, gy aet, zy aten*; part. passé, *geëten (gegeten)*, mangé.

Fluyten, siffler; prés. ind. *ik fluyt*, je siffle; imparf. *ik floot*, je sifflais; *wy floten*, nous sifflions; part. passé, *gefloten*, sifflé.

Gaen, aller; prés. ind. *ik ga*, je vais; *gy gaet, hy gaet, wy gaen, gy gaet, zy gaen*; imparf. *ik ging*, j'allais; part. passé, *gegaen*, allé.

Gelden, valoir; prés. ind. *ik geld*, je vaux; imparf. *ik gold*, je valais; part. passé, *gegolden*, valu.

Gelyken, ressembler; prés. ind. *ik gelyk*, je ressemble; imparf. *ik geleek*, je ressemblais; *wy geleken*, nous ressemblions; part. passé, *geleken*, ressemblé.

Genezen, guérir; prés. ind. *ik genees*, je guéris; *wy genezen*, nous guérissons; imparf. *ik genas*, je guérissais; *gy genaest, hy genas, wy genazen, gy genaest, zy genazen*; part. passé, *genezen*, guéri.

Genieten, jouir; prés. ind. *ik geniet*, je jouis; imparf. *ik genoot*, je jouissais; *wy genoten*, nous jouissions; part. passé, *genoten*, joui.

Geven, donner; prés. ind. *ik geef*, je donne; *wy geven*, nous donnons; imparf. *ik gaf*, je don-

	nais ; *gy gaeft*, *hy gaf*, *wy gaven*, *gy gaeft*, *zy gaven* ; part. passé, *gegeven*, donné.
Gieten,	verser ; prés. ind. *ik giet*, je verse ; imparf. *ik goot*, je versais ; *wy goten*, nous versions ; part. passé, *gegoten*, versé.
Glyden,	glisser ; prés. ind. *ik glyd*, je glisse ; imparf. *ik gleed*, je glissais ; *wy gleden*, nous glissions ; part. passé, *gegleden*, glissé.
Graven,	creuser ; prés. ind. *ik graef*, je creuse ; *wy graven*, nous creusons ; imparf. *ik groef*, je creusais ; *wy groeven*, nous creusions ; part. passé, *gegraven*, creusé.
Grynen,	pleurer ; prés. ind. *ik gryn*, je pleure ; imparf. *ik green*, je pleurais ; *wy grenen*, nous pleurions ; part. passé, *gegrenen*, pleuré.
Gryzen,	pleurer ; prés. ind. *ik grys*, je pleure ; imparf. *ik grees*, je pleurais ; part. passé, *gegrezen*, pleuré.
Grypen,	saisir ; prés. ind. *ik gryp*, je saisis ; imparf. *ik greep*, je saisissais ; *wy grepen*, nous saisissions ; part. passé, *gegrepen*, saisi.
Hangen,	pendre ; prés. ind. *ik hang*, je pends ; imparf. *ik hing*, je pendais ; part. passé, *gehangen*, pendu.
Heffen,	lever ; prés. ind. *ik hef*, je lève ; imparf. *ik hief*, je levais ; *wy hieven*, nous levions ; part. passé, *geheven*, levé.
Helpen,	aider ; prés. ind. *ik help*, j'aide ; imparf. *ik hielp* ou *holp*, j'aidais ; part. passé, *geholpen*, aidé.
Hygen,	haleter ; prés. ind. *ik hyg*, je halette ; imparf. *ik heeg*, je haletais ; *wy hegen*, nous haletions ; part. passé, *gehegen*, haleté.

Hyschen,	hisser ; prés. ind. *ik hysch*, je hisse ; imparf. *ik heesch*, ou *hyschte*, je hissais ; *wy heschen* nous hissions ; part. passé, *geheschen*, ou *gehyscht*, hissé.
Houden,	tenir ; prés. ind. *ik houd*, je tiens ; imparf. *ik hield*, je tenais ; part. passé, *gehouden*, tenu.
Houwen,	couper ; prés. ind. *ik houw*, je coupe ; imparf. *ik hieuw*, je coupais ; part. passé, *gehouwen*, coupé.
Jagen,	chasser ; prés. ind. *ik jaeg*, je chasse ; *wy jagen*, nous chassons ; imparf. *ik joeg* (aussi *jaegde*), je chassais ; part. passé, *gejaegd*, chassé.
Kiezen,	choisir ; prés. ind. *ik kies*, je choisis ; *wy kiezen*, nous choisissons ; imparf. *ik koos*, je choisissais ; *wy kozen*, nous choisissions ; part. passé, *gekozen*, choisi.
Kyken,	regarder ; prés. ind. *ik kyk*, je regarde ; imparf. *ik keek*, je regardais ; *wy keken*, nous regardions ; part. passé, *gekeken*, regardé.
Kyven,	gronder ; prés. ind. *ik kyf*, je gronde ; *wy kyven*, nous grondons ; imparf. *ik keef*, je grondais ; *wy keven*, nous grondions ; part. passé, *gekeven*, grondé.
Klinken,	sonner ; prés. ind. *ik klink*, je sonne ; imparf. *ik klonk*, je sonnais ; part. passé, *geklonken*, sonné.
Kluyven,	ronger (un os), et fendre du bois ; prés. ind. *ik kluyf*, je ronge ; *wy kluyven*, nous rongeons ; imparf. *ik kloof*, je rongeais ; *wy kloven*, nous rongions ; part. passé, *gekloven*, rongé.

KNYPEN,	mieux *nypen*, pincer; prés. ind. *ik knyp*, te pince; imparf. *ik kneep*, je pinçais; *wy knepen*, nous pincions; part. passé, *geknepen*, pincé.
KOMEN,	venir; prés. ind. *ik kom*, je viens; *wy komen*, nous venons; imparf. *ik kwam*, je venais; *wy kwamen*, nous venions; part. passé, *gekomen*, venu.
KOOPEN,	acheter; prés. ind. *ik koop*, j'achète; imparf. *ik kocht*, j'achetais; part. passé, *gekocht*; acheté.
KRYGEN,	recevoir; prés. ind. *ik kryg*, je reçois; imparf. *ik kreeg*, je recevais : *wy kregen*, nous recevions; part. passé, *gekregen*, reçu.
KRYTEN,	pleurer; prés. ind. *ik kryt*, je pleure; imparf. *ik kreet*, je pleurais; *wy kreten*, nous pleurions. part. passé, *gekreten*, pleuré.
KRUYEN,	brouetter; prés. ind. *ik kruy*, je brouette; imparf. *ik krooy*, je brouettais; *wy krooyen*, nous brouettions; part. passé, *gekrooyen*, brouetté. Ce verbe se conjugue aussi régulièrement.
KRUYPEN,	ramper; prés. ind. *ik kruyp*, je rampe; imparf. *ik kroop*, je rampais; *wy kropen*, nous rampions; part. passé, *gekropen*, rampé.
KUNNEN,	pouvoir; prés. ind. *ik kan*, je puis; *gy kunt*, *hy kan*, *wy kunnen*, etc.; imparf. *ik kon* (*konde*), je pouvais; *wy konnen* (*konden*), nous pouvions; part. passé, *gekonnen*, pu.
KWYTEN, (ZICH)	s'acquitter; prés. ind. *ik kwyt my*, je m'acquitte; imparf. *ik kweet my*, je m'acquittais; *wy kweten ons*, nous nous acquittions; part. passé, *gekweten*, acquitté.

LADEN, charger; prés. ind. *ik laed*, je charge; *wy laden*, nous chargeons; imparf. *ik loed* (mieux *laedde*), je chargeais; part. passé, *geladen*, chargé.

LAGCHEN, rire; prés. ind. *ik lach*, je ris; *wy lagchen*, nous rions; imparf. *ik lachte*, je riais; part passé, *gelagchen*, ri.

LATEN, laisser; prés. ind. *ik laet*, je laisse; *wy laten*, nous laissons; imparf. *ik liet*, je laissais; part. passé, *gelaten*, laissé.

LEGGEN, mettre; prés. ind. *ik leg*, je mets; *wy leggen*, nous mettons; imparf. *ik leyde*, ou *legde*, je mettais; part. passé, *gelegd*, mis.

LEZEN, lire; prés. ind. *ik lees*, je lis; *wy lezen*, nous lisons; imparf. *ik las*, je lisais; *wy lazen*, nous lisions; part. passé, *gelezen*, lu.

LIEGEN, mentir; prés. ind. *ik lieg*, je mens; imparf. *ik loog*, je mentais; *wy logen*, nous mentions; part. passé, *gelogen*, menti.

LIGGEN, être couché, mis; prés. ind. *ik lig*, je suis; imparf. *ik lag*, j'étais; *gy laegt, hy lag, wy lagen, gy laegt, zy lagen*; part. passé, *gelegen*, été.

LYDEN, souffrir; prés. ind. *ik lyd*, je souffre; imparf. *ik leed*, je souffrais; *wy leden*, nous souffrions; part. passé, *geleden*, souffert.

LYKEN, ressembler; prés. ind. *ik lyk*, je ressemble; imparf. *ik leek*, je ressemblais; *wy leken*, nous ressemblions; part. passé, *geleken*, ressemblé.

LOOPEN, marcher; prés. ind. *ik loop*, je marche; *wy loopen*, nous marchons; imparf. *ik liep*, je marchais; part. passé, *geloopen*, marché.

LUYKEN, fermer (les yeux pour dormir); prés ind. *ik luyk*, je ferme; imparf. *ik look*, je fermais; *wy loken*, nous fermions; part. passé, *geloken*, fermé.

METEN, mesurer; prés. ind. *ik meet*, je mesure; *wy meten*, nous mesurons; imparf. *ik mat*, je mesurais; *wy maten*, nous mesurions; part. passé, *gemeten*, mesuré.

MYDEN, éviter; prés. ind. *ik myd*, j'évite; imparf. *ik meed*, j'évitais; *wy meden*, nous évitions; part. passé, *gemeden*, évité. On s'en sert aussi régulièrement.

MOETEN, devoir; prés. ind. *ik moet*, je dois; imparf. *ik moest*, je devais; part. passé, *gemoeten*, dû.

NEMEN, prendre; prés. ind. *ik neem*, je prends; *wy nemen*, nous prenons; imparf. *ik nam*, je prenais; *wy namen*, nous prenions; part. passé, *genomen*, pris.

NYGEN, faire la révérence; prés. ind. *ik nyg*, je fais la révérence; imparf. *ik neeg*, je faisais la révérence; *wy negen*, nous faisions la révérence; part. passé, *genegen*, fait la révérence.

NYPEN, pincer; prés. ind. *ik nyp*, je pince; imparf. *ik neep*, je pinçais; *wy nepen*, nous pincions; part. passé, *genepen*, pincé.

PYPEN, siffler; prés. ind. *ik pyp*, je siffle; imparf. *ik peep*, je sifflais; *wy pepen*, nous sifflions; part. passé, *gepepen*, sifflé.

PLEGEN, être accoutumé; prés. ind. *ik pleeg*, je suis accoutumé; *wy plegen*, nous sommes accoutumés; imparf. *ik plagt*, j'étais accoutumé; *wy plagen*, nous étions accoutumés; part. passé, *gepleegt*, ou *geplegen*, accoutumé. Dans le sens de *commettre* il est régulier.

PLUYZEN, éplucher; prés. ind. *ik pluys*, j'épluche; *wy pluyzen*, nous épluchons; imparf. *ik ploos*, j'épluchais; *wy plozen*, nous épluchions; part. passé, *geplozen*, épluché.

PRYZEN, louer; prés. ind. *ik prys*, je loue; *wy pryzen*, nous louons; imparf. *ik prees*, je louais; *wy prezen*, nous louions; part. passé, *geprezen*, loué.

RADEN, conseiller; prés. ind. *ik raed*, je conseille; *wy raden*, nous conseillons; imparf. *ik ried*, ou *raedde*, je conseillais; part. passé, *geraden*, conseillé.

RIEKEN, flairer; prés. ind. *het riekt*, il flaire; imparf. *het rook*, il flairait; *zy roken*, ils flairaient; part. passé, *geroken*, flairé.

RYDEN, monter (un cheval) ou aller en voiture; prés. ind. *ik ryd*, je monte (un cheval); imparf. *ik reed*, je monte (un cheval); *wy reden*, nous montions (un cheval), part. passé, *gereden*, monté (un cheval).

RYGEN, lacer; prés. ind. *ik ryg*, je lace; imparf. *ik reeg*, je laçais; *wy regen*, nous lacions; part. passé, *geregen*, lacé.

RYTEN, fendre; déchirer, prés. ind. *ik ryt*, je fends; imparf. *ik reet*, je fendais; *wy reten*, nous fendions; part. passé, *gereten*, fendu.

FLAMANDE-FRANÇAISE.   161

RYVEN, rateler; prés. ind. *ik ryf*, je ratelle; *wy ryven*, nous ratelons; imparf. *ik reef*, je ratelais; *wy reven*, nous ratelions; part. passé, *gereven*, ratelé.

RYZEN, monter; prés. ind. *ik rys*, je monte; *wy ryzen*, nous montons; imparf. *ik rees*, je montais; *wy rezen*, nous montions; part. passé, *gerezen*, monté.

ROEPEN, appeler; prés. ind. *ik roep*, j'appelle; imparf. *ik riep*, j'appelais; part. passé, *geroepen*, appelé.

RUYKEN, sentir; prés. ind. *ik ruyk*, je sens; imparf. *ik rook*, je sentais; *wy roken*, nous sentions; part. passé, *geroken*, senti.

SCHENDEN, violer; prés. ind. *ik schend*, je viole; imparf. *ik schond*, je violais; part. passé, *geschonden*, violé.

SCHENKEN, verser, faire cadeau; prés. ind. *ik schenk*, je verse; imparf. *ik schonk*, je versais; part. passé, *geschonken*, versé.

SCHEPPEN, créer; prés. ind. *hy schept*, il crée; imparf. *hy schiep*, il créait; part. passé, *geschapen*, créé.

SCHEPPEN, puiser de l'eau; prés. ind. *ik schep*; *ik schepte*; *geschept*, puisé.

SCHEREN, raser; prés. ind. *ik scheer*, je rase; *wy scheren*, nous rasons; imparf. *ik schoor*, je rasais; *wy schoren*, nous rasions; part. passé, *geschoren*, rasé.

SCHIETEN, tirer; prés. ind. *ik schiet*, je tire; imparf. *ik schoot*, je tirais; *wy schoten*, nous tirions; part. passé, *geschoten*, tiré.

SCHYNEN, paraître; prés. ind. *ik schyn*, je parais; imparf. *ik scheen*, je paraissais; *wy schenen*, nous paraissions; part. passé, *geschenen*, paru.

Schyten, chier; prés. ind. *ik schyt*, je chie; imparf. *ik scheet*, je chiais; *wy scheten*, nous chiions; part. passé, *gescheten*, chié.

Schryden, écarter les jambes; prés. ind. *ik schryd*, j'écarte les jambes; imparf. *ik schreed*, j'écartais les jambes; *wy schreden*, nous écartions les jambes; part. passé, *geschreden*, écarté les jambes.

Schryven, écrire; prés. ind. *ik schryf*, j'écris; *wy schryven*, nous écrivons; imparf. *ik schreef*, j'écrivais, *wy schreven*, nous écrivions; part. passé, *geschreven*, écrit.

Schuylen, se cacher; prés. ind. *ik schuyl*, je me cache; imparf. *ik school*, je me cachais; *wy scholen*, nous nous cachions; part. passé, *gescholen*, caché. On l'emploie aussi régulièrement.

Schuyven, reculer; prés. ind. *ik schuyf*, je recule; *wy schuyven*, nous reculons; imparf. *ik schoof*, je reculais; *wy schoven*, nous reculions; part. passé, *geschoven*, reculé.

Slaen, battre; prés. ind. *ik sla*, je bats; *gy slaet, hy slaet, wy slaen, gy slaet, zy slaen*; imparf. *ik sloeg*, je battais; part. passé, *geslagen*, battu.

Slapen, dormir; prés. ind. *ik slaep*, je dors; *wy slapen*, nous dormons; imparf. *ik sliep*, je dormais; part. passé, *geslapen*, dormi.

Slypen, aiguiser; prés. ind. *ik slyp*, j'aiguise; imparf. *ik sleep*, j'aiguisais; *wy slepen*, nous aiguisions; part. passé, *geslepen*, aiguisé.

Slyten, user; prés. ind. *ik slyt*, j'use; imparf. *ik sleet*, j'usais; *wy sleten*, nous usions; part. passé, *gesleten*, usé.

SLUYKEN,	ramper; prés. ind. *ik sluyk*, je rampe; imparf. *ik slook*, je rampais; *wy sloken*, nous rampions; part. passé, *gesloken*, rampé.
SLUYPEN,	se glisser; prés. ind. *ik sluyp*, je me glisse; imparf. *ik sloop*, je me glissais; *wy slopen*, nous nous glissions; part. passé, *geslopen*, glissé.
SLUYTEN,	fermer; prés. ind. *ik sluyt*, je ferme; imparf. *ik sloot*, je fermais; *wy sloten*, nous fermions; part. passé, *gesloten*, fermé.
SMELTEN,	fondre; prés. ind. *ik smelt*, je fonds, imparf. *ik smolt*, je fondais; part. passé, *gesmolten*, fondu.
SMYTEN,	jeter; prés. ind. *ik smyt*, je jette; imparf. *ik smeet*, je jetais; *wy smeten*, nous jetions; part. passé, *gesmeten*, jeté.
SNYDEN,	couper; prés. ind. *ik snyd*, je coupe; imparf. *Ik sneed*, je coupais; *wy sneden*, nous coupions; part. passé, *gesneden*, coupé.
SNUYTEN,	moucher; prés. ind. *ik snuyt*, je mouche; imparf. *ik snoot*, je mouchais, *wy snoten*, nous mouchions; part. passé, *gesnoten*, mouché.
SNUYVEN,	prendre du tabac; prés. ind. *ik snuyf*, je prends du tabac; *wy snuyven*, nous prenons du tabac; imparf. *ik snoof*, je prenais du tabac; *wy snoven*, nous prenions du tabac; part. passé, *gesnoven*, pris du tabac.
SPYTEN,	fâcher; prés. ind. *het spyt (my)*, je suis fâché; imparf. *het speet (my)*, j'étais fâché; part. passé, *gespeten*, fâché. Ce verbe se conjugue seulement à la troisième personne du singulier.

11

Splyten, fendre; prés. ind. *ik splyt*, je fends; imparf. *ik spleet*, je fendais; *wy spleten*, nous fendions; part. passé, *gespleten*, fendu.

Spreken, parler; prés. ind. *ik spreek*, je parle; *wy spreken*, nous parlons; imparf. *ik sprak*, je parlais; *wy spraken*, nous parlions; part. passé, *gesproken*, parlé.

Springen, sauter; prés. ind. *ik spring*, je saute; imparf. *ik sprong*, je sautais; part. passé, *gesprongen*, sauté.

Spruyten, germer, descendre; prés. ind. *ik spruyt*, je descends; imparf. *ik sproot*, je descendais; *wy sproten*, nous descendions; part. passé, *gesproten*, descendu.

Spugen, cracher; prés. ind. *spueg*, je crache; *wy spugen*, nous crachons, imparf. *ik spoog*, je crachais; *wy spogen*, nous crachions; part. passé *gespogen*, craché.

Spuyten, seringuer; prés. ind. *ik spuyt*, je seringue; imparf. *ik spoot*, je seringuais; *wy spoten*, nous seringuions; part. passé, *gespoten*, seringué.

Staen, être debout; prés. ind. *ik sta*, je suis debout; *gy staet, hy staet, wy staen, gy staet, zy staen*, imparf. *ik stond*, j'étais debout; part. passé, *gestaen*, été debout.

Steken, piquer; prés. ind. *ik steek*, je pique; *wy steken*, nous piquons; imparf. *ik stak*, je piquais; *wy staken*, nous piquions; part. passé, *gestoken*, piqué.

STELEN, voler; prés. ind. *ik steel*, je vole; *wy stelen*, nous volons; imparf. *ik stal*, je volais; *gy staelt*, tu volais, vous voliez; *hy stal*, il volait; *wy, zy stalen*, nous volions, ils volaient; part. passé, *gestolen*, volé.

STERVEN, mourir; prés. ind. *ik sterf*, je meurs; *wy sterven*, nous mourons; imparf. *ik stierf*, je mourais; *wy stierven*, nous mourions; part. passé, *gestorven*, mort.

STYGEN, monter; prés. ind. *ik styg*, je monte; imparf. *ik steeg*, je montais; *wy stegen*, nous montions; part. passé, *gestegen*, monté.

STYVEN, empeser; prés. ind. *ik styf*, j'empèse; *wy styven*, nous empesons; imparf. *ik steef*, j'empesais; *wy steven*, nous empesions; part. passé, *gesteven*, empesé. Ce verbe est régulier quand il signifie *affirmer*.

STOOTEN, pousser; prés. ind. *ik stoot*, je pousse; *wy stooten*, nous poussons; imparf. *ik stiet*, je poussais; part. passé, *gestooten*, poussé.

STRYDEN, combattre; prés. ind. *ik stryd*, je combats; imparf. *ik streed*, je combattais; *wy streden*, nous combattions; part. passé, *gestreden*, combattu.

STRYKEN, frotter; prés. ind. *ik stryk*, je frotte; imparf. *ik streek*, je frottais; *wy streken*, nous frottions; part. passé, *gestreken*, frotté.

STUYVEN, s'envoler (comme de la poussière); prés. ind. *het stuyft*, il fait de la poussière; imparf. *stoof*, il faisait de la poussière; part. passé, *gestoven*.

Treden, marcher; prés. ind. *ik treed*, je marche; *wy treden*, nous marchons; imparf. *ik trad*, je marchais; *wy traden*, nous marchions; part. passé, *getreden*, marché.

Treffen, atteindre; prés. ind. *ik tref*, j'atteins, *wy treffen*, nous atteignons; imparf. *ik trof*, j'atteignais; *wy troffen*, nous atteignions; part. passé, *getroffen*, atteint.

Trekken, tirer; prés. ind. *ik trek*, je tire; imparf. *ik trok*, je tirais; part. passé, *getrokken*, tiré.

Uytdygen, s'enfler; prés. ind. *het dygt uyt*, il s'enfle; imparf. *het deeg uyt*, il s'enflait; *zy degen uyt*, ils s'enflaient; part. passé, *uytgedegen*, enflé.

Vallen, tomber; prés. ind. *ik val*, je tombe; imparf. *ik viel*, je tombais; part. passé, *gevallen*, tombé.

Vangen, attraper; prés. ind. *ik vang*, j'attrape; imparf. *ik vong*, j'attrapais; part. passé, *gevangen*, attrapé.

Varen, naviguer; prés. ind. *ik vaer*, je navigue; *wy varen*, nous naviguons; imparf. *ik voer*, je naviguais; part. passé, *gevaren*, navigué.

Vechten, combattre; prés. ind. *ik vecht*, je combats; imparf. *ik vocht*, je combattais; part. passé, *gevochten*, combattu.

Verdrieten, chagriner; prés. ind. *ik verdriet*, je chagrine; imparf. *ik verdroot*, je chagrinais; *wy verdroten*, nous chagrinions, part. passé; *verdroten*, chagriné.

VERDWYNEN, disparaître; prés. ind. *ik verdwyn*, je disparais; imparf. *ik verdween*, je disparaissais; *wy verdwenen*, nous disparaissions; part. passé, *verdwenen*, disparu.

VERGETEN, oublier; prés. ind. *ik vergeet*, j'oublie; *wy vergeten*, nous oublions; imparf. *vergat*, j'oubliais; *wy vergaten*, nous oubliions; part. passé, *vergeten*, oublié.

VERLIEZEN, perdre, prés. ind. *ik verlies*, je perds, *wy verliezen*, nous perdons; imparf. *ik verloor*, je perdais; *wy verloren*, nous perdions; part. passé, *verloren*, perdu.

VERWERVEN, obtenir; prés. ind. *ik verwerf*, j'obtiens; *wy verwerven*, nous obtenons; imparf. *ik verwierf*, j'obtenais; *wy verwierven*, nous obtenions; part. passé, *verworven*, obtenu.

VERZINNEN, inventer; prés. ind. *ik verzin*, j'invente; imparf. *ik verzon*, j'inventais; part. passé, *verzonnen*, inventé.

VERZWELGEN, avaler; prés. ind. *ik verzwelg*, j'avale; imparf. *ik verzwolg*, j'avalais; part. passé, *verzwolgen*, avalé.

VERZWINDEN, disparaître; prés. ind. *ik verzwind*, je disparais; imparf. *ik verzwond*, je disparaissais; part. passé, *verzwonden*, disparu.

VLECHTEN, tresser; prés. ind. *ik vlecht*, je tresse; imparf. *ik vlocht*, je tressais; part. passé, *gevlochten*, tressé.

VLIEGEN, fuir; prés. ind. *ik vlied*, je fuis; imparf. *ik vlood*, je fuyais, *wy vloden*, nous fuyions; part. passé, *gevloden*, fui.

Vliegen, voler; prés. ind. *ik vlieg*, je vole; imparf. *ik vloog*, je volais; *wy vlogen*, nous volions; part. passé, *gevlogen*, volé.

Vlieten, couler; prés. ind. *ik vliet*, je coule; imparf. *ik vloot*, je coulais; *wy vloten*, nous coulions; part. passé, *gevloten*, coulé.

Vragen, demander; prés. ind. *ik vraeg*, je demande; *wy vragen*, nous demandons; imparf. *ik vroeg*, je demandais; part. passé, *gevraegd*, demandé. Ce verbe est aussi régulier, on peut dire : *ik vraegde*, je demandais.

Vreten, manger goulument; prés. ind. *ik vreet*, je mange, etc; *wy vreten*, nous mangeons, etc.; imparf. *ik vrat*, je mangeais, etc.; *wy vraten*, nous mangions, etc.; part. passé, *gevreten*, mangé, etc.

Vriezen, geler; prés. ind. *het vriest*, il gèle; imparf. *het vroor* ou *vroos*, il gelait; part. passé, *gevroren* ou *gevrozen*, gelé.

Wayen, venter; prés. ind. *het waeyt*, il vente; imparf. *het waeyde*, il ventait; part. passé, *gewaeyd*, venté. On dit aussi à l'imparf. *het woey*, au lieu de *het waeyde*, il ventait.

Wasschen, laver; prés. ind. *ik wasch*, je lave; imparf. *ik wiesch*, je lavais; part. passé, *gewasschen*, lavé.

Wassen, croître; prés. ind. *ik was*, je crois; imparf. *ik wies*, je croissais; part. passé, *gewassen*, cru.

Wegen, peser; prés. ind. *ik weeg*, je pèse, *wy wegen*, nous pesons; imparf. *ik woog*, je pesais; *wy wogen*, nous pesions; part. passé, *gewogen*, pesé.

Werpen, jeter; prés. ind. *ik werp*, je jette, imparf. *ik wierp*, je jetais; part. passé, *geworpen*, jeté.

Weten, savoir; prés. ind. *ik weet*, je sais, *wy weten*, nous savons; imparf. *ik wist*, je savais; part. passé, *geweten*, su.

Wezen, être. Voyez la conjugaison de l'auxiliaire *être*.

Wyken, reculer; prés. ind. *ik wyk*, je recule; imparf. *ik week*, je reculais; *wy weken*, nous reculions; part. passé, *geweken*, reculé.

Winnen, gagner; prés. ind. *ik win*, je gagne; imparf. *ik won*, je gagnais; part. passé, *gewonnen*, gagné.

Wyten, imputer; prés. ind. *ik wyt*, j'impute; imparf. *ik weet*, j'imputais; *wy weten*, nous imputions; part. passé, *geweten*, imputé.

Wyzen, montrer; prés. ind. *ik wys*, je montre; *wy wyzen*, nous montrons; imparf. *ik wees*, je montrais; *wy wezen*, nous montrions; part. passé, *gewezen*, montré.

Worden, être. Voyez la conjugaison de ce verbe.

Wreken, ou *vreken*, venger; prés. ind. *ik wreek*, je venge; *wy wreken*, nous vengeons; *ik wreekte*, ou *wrook*, je vengeais; part. passé, *gewroken*, vengé.

Wryven, ou *vryven*, frotter; prés. ind. *ik wryf*, je frotte; *wy wryven*, nous frottons; imparf. *ik wreef*, je frottais; *wy wreven*, nous frottions; part. passé, *gewreven*, frotté.

Zenden, envoyer, prés. ind. *ik zend*, j'envoie; imparf. *ik zond*, j'envoyais; part. passé, *gezonden*, envoyé.

ZIEDEN, bouillir; prés. ind. *het ziedt*, il bout; imparf. *het zood*, il bouillait; *wy zoden*, part. passé, *gezoden*, bouilli.

ZIEN, voir; prés. ind. *ik zie*, je vois; *wy zien*, nous voyons; imparf. *ik zag*, je voyais; part. passé, *gezien*, vu.

ZYGEN, filtrer; prés. ind. *ik zyg*, je filtre; imparf. *ik zeeg*, je filtrais; *wy zegen*, nous filtrions; part. passé, *gezegen*, filtré.

ZYN, être. Voyez sa conjugaison.

ZINGEN, chanter; prés. ind. *ik zing*, je chante; imparf. *ik zong*, je chantais; part. passé, *gezongen*, chanté.

ZINKEN, aller à fond; prés. ind. *ik zink*, je vais à fond; imparf. *ik zonk*, j'allais à fond; part. passé, *gezonken*, allé à fond.

ZITTEN, s'asseoir; prés. ind. *ik zit*, je m'asseie; imparf. *ik zat*, je m'asseyais; *wy zaten*, nous nous asseyions; part. passé, *gezeten*, assis.

ZOEKEN, chercher; prés. ind. *ik zoek*, je cherche; imparf. *ik zocht*, je cherchais; part. passé, *gezocht*, cherché.

ZUYGEN, sucer; prés. ind. *ik zuyg*, je suce; imparf. *ik zoog*, je suçais; *wy zogen*, nous sucions; part. passé, *gezogen*, sucé.

ZUYPEN, boire (avec excès); prés. ind. *ik zuyp*, je bois; imparf. *ik zoop*, je buvais; *wy zopen*, nous buvions; part. passé, *gezopen*, bu.

ZULLEN. Voyez la conjugaison de ce verbe.

ZWELLEN, enfler; prés. ind. *ik zwel*, j'enfle; imparf. *ik zwol*, j'enflais; part. passé; *gezwollen*, enflé.

ZWEREN, jurer; prés. ind. *ik zweer*, je jure; *wy zweren*, nous jurons; imparf. *ik zwoer*, je jurais; part. passé, *gezworen*, juré.

ZWYGEN, se taire; prés. ind. *ik zwyg*, je me tais; imparf. *ik zweeg*, je me taisais; *wy zwegen*, nous nous taisions; part. passé, *gezwegen*, tu.

Nous avons déjà remarqué qu'il y a des verbes neutres qui prennent *hebben*, avoir, et d'autres qui prennent *zyn*, être, pour auxiliaire; et enfin d'autres qui prennent tantôt *hebben* et tantôt *zyn*.

Comme on ne saurait donner des règles fixes pour ces différens cas, nous ferons suivre une table des verbes neutres les plus usités, qui se conjuguent avec *hebben*, et une autre de ceux qui se conjuguent avec *zyn*.

TABLE

DES VERBES NEUTRES QUI SE CONJUGUENT AVEC *hebben*.

Aerzelen, hésiter.
Afrekenen, compter.
Bystaen, assister.
Blaffen, aboyer.
Bloeyen, fleurir.
Brommen, bourdonner.

Arbeyden, travailler.
Beven, trembler.
Harrewarren, quereller.
Heerschen, régner.
Heeten, appeler.
Hikken, avoir le hoquet.

Brullen, rugir.
Dobberen, flotter.
Dralen, lambiner.
Draven, trotter.
Dreunen, s'ébranler.
Drentelen, lambiner.
Dribbelen, sauteler.
Droomen, songer.
Druylen, sommeiller.
Duykelen, culbuter, plonger.
Drinken, boire.
Duren, durer.
Durven, oser.
Dutten, sommeiller.
Dwalen, errer.
Eyndigen, finir.
Etteren, suppurer.
Falen, faillir.
Feylen, faillir.
Flikkeren, reluire.
Fonkelen, étinceler.
Gapen, bailler.
Geeuwen, bailler.
Gelden, valoir.
Gelyken, ressembler.
Gesten, fermenter.
Gevoelen, sentir.
Gillen, pousser des cris.
Gisten, fermenter.
Glansen, briller.
Glinsteren, briller.

Hinken, clocher.
Hinneken, hennir.
Hygen, haleter.
Hoesten, tousser.
Hommelen, bourdonner.
Huychelen, dissimuler.
Huylen, pleurer, hurler.
Huppelen, sauter.
Jammeren, se lamenter.
Janken, criailler.
Jeuken, demanger.
Ylen, être en délire, se hâter.
Jeveren, être zèlé.
Juychen, faire des acclamations.
Kabbelen, s'agiter (comme l'eau), *scheyden* (le lait).
Kalven, vêler.
Kampen, jouter.
Keffen, japper.
Kermen, gémir.
Kibbelen, ou *knibbelen*, chicaner.)
Kyken, regarder.
Kyven, gronder.
Klagen plaindre.
Klappertanden, claquer de dents.
Klinken, sonner.
Klouteren, grimper.
Knabbelen, ronger.
Knarsen, craqueter.

Gloeyen, être rouge.
Gonzen, bourdonner.
Golven, ondoyer.
Grazen, paître l'herbe.
Grenzen, aboutir.
Grimlagchen, sourire.
Groenen, verdir.
Grommen, gronder.
Hairklieven, chicaner.
Handelen, agir.
Lekken, couler.
Leunen, s'appuyer.
Liggen, être situé.
Loten, tirer au sort.
Luysteren, être aux écoutes.
Maeuwen, miauler.
Mogen, pouvoir, oser.
Moeten, falloir.
Morren, murmurer.
Muyzen, prendre des souris.
Naderen, approcher.
Omdalen, errer.
Omkyken, regarder derrière soi.
Oorlogen, faire la guerre.
Opletten, faire attention.
Opzien, lever les yeux.
Overnachten, passer la nuit.
Overwinteren, hiverner.
Piepen, pépier.
Pogchen, se vanter.

Kneuzen, meurtrir.
Knielen, s'agenouiller.
Knorren, gronder.
Kryten, pleurer.
Kugchen, tousser.
Kuyeren, se promener.
Kwaken, croasser.
Kwynen, languir.
Lagchen, rire.
Laten, laisser.
Slonsen, être négligent.
Smeulen, couver.
Smullen, faire bonne chère.
Snappen, jaser.
Snikken, sangloter.
Snoeven, se vanter.
Snorken, ronfler.
Spoeden, se hâter.
Spotten, se moquer.
Springen, sauter.
Staen, être debout.
Stameren, bégayer.
Stoppen, rentraire (comme des bas).
Steunen, s'appuyer.
Stilzwygen, se taire.
Stoeyen, folâtrer.
Storten, répandre.
Struykelen, broncher.
Studeren, étudier.
Stuyven, faire de la poussière.

Pryken, se pavaner.
Rabbelen, bredouiller.
Rammelen, faire du bruit.
Ravotten, se démener.
Redeneren, raisonner.
Rieken, flairer.
Ryden, aller à cheval.
Rillen, trembler.
Rollen, rouler.
Ruysen, ruer.
Rusten, reposer.
Schaden, nuire.
Schelen, différer.
Schellen, bellen, sonner.
Schermen, escrimer.
Schertsen, railler.
Schynen, ressembler.
Schieten, tirer.
Schimmelen, moisir.
Schitteren, briller.
Schreeuwen, crier.
Slapen, dormir.   (faites.
Slenteren, chercher des dé-
Vlugten, fuir.
Vonken, s'allumer.
Vreezen, craindre.
Waken, veiller.
Wachten, attendre.
Wanen, s'imaginer.
Wedden, parier.
Wedieveren, rivaler.

Suffen, radoter.
Suyzen, bourdonner.
Sukkelen, lambiner.
Tafelen, être à table.
Talmen, lambiner.
Tieren, tapager.
Tintelen, étinceler.
Toeven, tarder.
Trachten, tâcher.
Treden, marcher.
Treffen, toucher.
Treuren, s'affliger.
Twisten, quereller.
Twyfelen, douter.
Uyten, exprimer.
Varen, naviguer.
Vasten, jeûner.
Veynzen, dissimuler.
Vechten, se battre.
Vinken, prendre des pinsons.
Visschen, pêcher.
Vliegen, voler.
Vloeyen, couler.
Woonen, demeurer.
Worstelen, lutter.
Wormen, se peiner.
Zegevieren, triompher.
Zingen, chanter.
Zondigen, pécher.
Zorgen, soigner.
Zuchten, soupirer.

Weenen, pleurer.	Zweeten, suer.
Wegen, peser.	Zwellen, enfler.
Weyfelen, branler.	Zwemmen, nager.
Welvaren, prospérer.	Zweren, abcéder.
Wemelen, fourmiller.	Zwerven, errer.
Willen, vouloir.	Zwoegen, suer sang et eau.
Woeden, s'emporter.	

TABLE

DES VERBES NEUTRES QUI SE CONJUGUENT AVEC zyn.

Aenbranden, havir.	Omkomen, périr.
Aenbreken, paraître.	Ontbranden, s'enflamer.
Afreyzen, partir.	Ontslapen, s'endormir.
Afwaeyen, emporter.	Ontspringen, jaillir.
Bedaren, s'apaiser.	Ontstaen, provenir.
Bederven, gâter.	Ontvallen, échapper.
Bersten, crever.	Ontwaken, éveiller.
Beschimmelen, moisir.	Ontzinken, aller à fond.
Bestollen, se figer.	Opdagen, paraître.
Bevallen, accoucher.	Opengaen, ouvrir.
Bevriezen, se congéler.	Opgaen, monter.
Bezinken, se clarifier, infuser.	Opgroeyen, croître.
Bezwyken, succomber.	Opreyzen, se lever.
Bezwynen, s'évanouir.	Opstaen, se lever.
Blyken, paraître.	Opstygen, monter.

Blyven, demeurer.
Dalen, descendre.
Doorslyten, user.
Gaen, aller.
Gelukken, réussir.
Geschieden, arriver.
Groeyen, croître.
Ingaen, entrer.
Inkomen, entrer.
Inslapen, s'endormir.
Inspringen, sauter.
Intreden, entrer.
Inzinken, s'enfoncer.
Klimmen, monter.
Koleuren, colorer.
Kneuzen, meurtrir.
Komen, venir.
Krimpen, rétrécir.
Medegaen, aller avec.
Meerderen, augmenter.
Naderen, approcher.
Nederdalen, descendre.
Nedervallen, tomber à terre.
Nederzakken, s'affaiser.
Nederzinken, couler à fond.
Vallen, tomber.
Verarmen, appauvrir.
Verbasteren, s'abâtardir.
Verbleeken, pâlir.
Verdolen, s'égarer.

Opvliegen, s'envoler.
Opwaken, s'éveiller.
Opwassen, grandir.
Opzwellen, enfler.
Overblyven, rester.
Overeenkomen, convenir.
Overlyden, décéder.
Overschieten, rester.
Ryten, fendre.
Ryzen, monter.
Rimpelen, rider.
Roesten, rouiller.
Rotten, pourir.
Schilferen, s'écailler.
Sluyten, fermer.
Slippen, glisser.
Sluypen, se glisser.
Sneven, périr.
Sterven, mourir.
Stollen, se coaguler.
Stranden, échouer.
Toeschieten, accourir.
Toevriezen, geler.
Trouwen, se marier.
Uytglyden, glisser en dehors.
Verslechten, rendre pire.
Verslimmeren, empirer.
Versmachten, défaillir.
Verstommen, demeurer muet.
Vertrekken, partir.

Verdorren, se dessécher.
Verdrinken, se noyer.
Verdroogen, tarir.
Verdwynen, disparaître.
Verergeren, empirer.
Verhuyzen, déloger.
Vermageren, amaigrir.
Verongelukken, périr.
Verryzen, s'élever.
Verroesten, rouiller.
Verrotten, pourir.
Verschalen, s'éventer.
Verschimmelen, moisir.
Vervallen, déchoir.
Verwelken, faner.
Verwilderen, se dérégler.
Verzinken, couler à fond.
Voortspruyten, provenir.
Vorderen, avancer.
Wassen, croître.
Wegraken, s'égarer.
Wegslyten, s'user.
Wegvlieden, s'enfuir.
Worden, devenir.
Wortelen, prendre racine.
Zinken, couler à fond.
Zwellen, enfler.

Plusieurs verbes neutres se conjuguent avec *hebben* et *zyn*; surtout ceux qui expriment un mouvement. Il y a à remarquer, que quand on indique l'endroit où le mouvement se fait, le verbe *zyn*, et autrement *hebben*, p. e. *hy heeft veel gezwommen*, il a beaucoup nagé; *hy is over de rivier gezwommen*, il a passé la rivière à la nage. *Den vogel heeft gevlogen*, l'oiseau a volé; *de vogel is van hier, tot daer gevlogen*, l'oiseau a volé d'ici jusqu'à là. *hy heeft gesprongen*, il a sauté; *hy is in dien put gesprongen*, il est sauté dans ce puits, etc.

Plusieurs verbes sont toujours neutres, et ne peuvent être employés autrement, comme : *beven*, trembler; *zwellen*, enfler; *sterven*, mourir; — d'autres peuvent être aussi bien actifs que neutres, comme : *wegen*, peser; *het weegt honderd pond*, il pèse cent livres; *ik heb het gewogen*, je l'ai pesé. *Het is bedorven*, il est gâté; *ik heb het bedorven*, je l'ai gâté, etc.

Les verbes composés prennent ordinairement le même auxiliaire que leurs simples, p. e. *komen*, venir; se conjugue avec *zyn*; *wederkomen*, revenir; *omkomen*, périr; *uytkomen*, s'accorder; *inkomen*, entrer, prennent aussi *zyn*, être.

Homonymes qui s'épellent avec *g* ou *ch*, et qui ont des sens différens.

Digt, fermé.	*Dicht*, poème.
Dog, dogue, chien.	*Doch*, mais.
Egel, hérisson.	*Echel*, sangsue.
Gelag, écot.	*Gelach*, ris.
Geslagt, tué.	*Geslacht*, genre.
Ligt, léger.	*Licht*, lumière.
Nog, encore.	*Noch*, ni.
Slagten, tuer.	*Slachten*, ressembler.
Wigt, poids.	*Wicht*, petit enfant.

Les mots *composés* suivent l'orthographe des mots *simples*; p. e. *dragt; eendragt; tweedracht; licht; lichtstrael; lichtstof; maenslicht; daglicht.*

Les *dérivés* suivent leurs primitifs (mots originaux), p. e. *gezigt; afzigtelyk; doorzigtkunde; inzigt; uytzigten; zigteynderlyk;* enz.

LISTE

DES MOTS, QUI S'ÉCRIVENT L'É *long aigu* (EE).

Le pluriel des substantifs, qui se terminent au singulier en *eel*; p. e. *deel*, partie; *deelen*, parties; *kameel*, chameau; *kameelen*, chameaux, etc.

FLAMANDE-FRANÇAISE.

Alleenig, seul.
Alreede, déjà.
Beenen, jambes.
Beeren, ours.
Begeeren, désirer.
Beheeren, gouverner.
Beleedigen, insulter.
Beleemen, enduire de terre grasse
Bleeken, blanchir.
Bleeten, bêler.
Breede, large.
Deegen, pâtes.
Deelen, partager.
Deesem, levain.
Dweepen, fanatiser.
Eeden, sermens.
Eene, une.
Eeren, honorer.
Fleemen, cajoler.
Gedwee, souple.
Geepen, épinoches.
Leemen, bousiller.
Leeper, plus rusé.
Leeren, apprendre.
Meenen, penser.
Meezen, mésanges.
Paneelen, panneaux.
Ree, biche.
Reeder, fréteur.
Geeren, goussets.
Geeselen, fouetter.
Geheele, entier.
Gemeene, commun.
Gereedelyk, incontinent.
Graveelig, outré.
Greelen, collier de cheval.
Greenen, du bois de sapin rouge.
Heepen, serpes.
Heescher, plus rauque.
Heeten, appeler.
Houweelen, hoyaux.
Keeren, tourner.
Kleeden, habiller.
Leemen, coller.
Kleene, petit.
Krakeelen, quereller.
Kreete, cri de joie.
Leeder, plus chagrin.
Leeken, laïques.
Leelyk, mauvais.
Truweelen, truelles.
Twee, deux.
Vee, du bétail.
Veede, haine.
Veeme, société d'ouvriers.
Veenen, tourbières.
Vereenigen, réunir.
Vermeeren, augmenter.

Reepen, itagues.
Scheede, fourreau.
Scheenen, os de la jambe.
Scheeve, le féminin de *scheef,* oblique.
Smeeken, supplier.
Streemen, marques de coups de fouets.
Streelen, cajoler.
Teeder, tendre.
Teeken, signe.
Teenen, orteils.
Teezen, éplucher.
Thee, du thé.
Tooneelen, scènes.

Vleeschelyk, charnel.
Vreezen, craindre.
Wee, douleur.
Weede, pastel.
Weenen, pleurer.
Wysgeerig, philosophique.
Wreeder, plus cruel.
Zee, mer.
Zeemleder, peau de chamois.
Zeepen, savonner.
Zeeren, blesser.
Zeever, bave.
Zweemen, ressembler.
Zweepen, fouetter.
Zweeten, suer.

Homonymes, qui s'épellent avec *e* ou *ee,* et qui ont des sens différens.

Beete, betterave.
Geene, point.
Heelen, guérir.
Heeren, des messieurs.
Keelen, pièce longues et étroites de planches.
Keete, saline.
Kweeken, cultiver.

Leeder, plus chagrin.
Leenen, prêter.

Bete, morsure.
Gene, celui-là.
Helen, verhelen, recéler.
Heren, des armées.
Kelen, des gorges.

Keten, chaine.
Kweken, kwaken, crier comme les canards.

Leder, du cuir.
Lenen, s'appuyer.

FLAMANDE-FRANÇAISE.

Meede, de la garance.
Meeren, amarrer.
Reede, rade.
Scheele, tour de cheveux.
Steenen, des pierres.
Veege, moribond.
Weeken, tremper.
Weezen, des orphelins.

Mede, met, avec.
Meren, des lacs.
Rede, discours.
Schele, louche.
Stenen, gémir.
Vegen, balayer.
Weken, des semaines.
Wezen, être.

LISTE

DES MOTS QUI S'ÉCRIVENT AVEC L'O *long aigu* (oo).

Alzoo, ainsi.
Behooren, appartenir.
Blooden, timide.
Blootelyk, franchement.
Boomen, des arbres.
Boonen, fèves.
Boozen, fâché.
Brooden, pains.
Dooden, tuer.
Doopen, baptiser.
Dooven, sourd.
Doozen, boîtes.
Droogen, sécher.
Droomen, songer.
Foolen, tater.
Gedoogen, souffrir.
Mededoogen, compassion.
Gelooven, croire.

Loozen, fin, rusé.
Moolik, épouvantail.
Mooren, des maures.
Mooten, des dalles.
Nooden, besoins.
Onderhoorig, appartenant.
Onnoozel, niais.
Oogen, des yeux.
Oolyk, rusé.
Oomen, des oncles.
Ooren, des oreilles.
Poozen, tarder.
Ringelooren, vexer.
Roode, rouge.
Rooken, fumer.
Stoome, vapeur.
Stoopen, mesures de 4 pintes.

Goochelen, jouer des gobelets.
Grooten, grand.
Hoogen, haut.
Hoovaerdig, hautain.
Joolen, niais.
Kleynooden, joyaux.
Klooten, boules.

Knoopen, boutons.
Koonen, joues.
Koopen, acheter.
Kroonen, couronner.
Loochenen, nier.
Looden, de plomb.
Loomer, plus lent.
Loonen, récompenser.
Loover, feuillage.
Loopen, marcher.
Looze, feint.

Stooten, pousser.
Stroo, de la paille.
Strooken, s'accorder.
Stroomen, des fleuves.
Stroopen, détrousser.
Toomen, brider.
Tooneel, scène.
Toonen, des tons.
Toonen, des orteils.
Toonen, montrer.
Tooveren, exercer la magie.
Troonen, des trônes.
Vernooten, des compagnons.
Vertoogen, remontrer.
Vloo, puce.
Vooze, spongieux.
Zoo, ainsi.
Zoomen, ourler.
Zoore, rude.

Homonymes qui s'épellent avec *oo* ou *o*, et qui ont des sens différens.

Betoogen, prouver.
Booten, des esquifs.
Genooten (1).

Betogen, couvert.
Boten, parure de diamans.
Genoten, joui, participe de jouir.

---

(1) Beaucoup de substantifs ont cette terminaison qui s'épellent avec *oo*, p. e. *lotgenooten; echtgenooten; spelgenooten; landgenooten*, etc.

Hoopen, des monceaux.   *Hopen*, espérer.
Hooren, entendre.   *Horen*, corne.
Hoozen, des siphons.   *Hozen*, des chausses.
Koolen, des choux.   *Kolen*, du charbon.
Loogen, lessiver.   *Logen*, mensonge.
Looven, fatigué.   *Loven*, louer.
Loozen (1).   *Lozen, lossen*, décharger.
Nooten, notes.   *Noten*, des noix.
Pooten, des pattes.   *Poten*, planter.
Roomen, de la crème.   *Rome*, Rome.
Schooten, des seins.   *Schoten*, des coups de fusils.
Slooten, des fossés.   *Sloten*, des serrures.

DES IDIOTISMES.

Quoique toutes les langues soient analogues dans leurs principes et dans leurs expressions, elles offrent cependant certaines particularités soit dans l'emploi des mots, soit dans la manière de les combiner. Ces locutions, particulières à chaque idiome, se nomment en général *idiotismes*, mais elles prennent différens noms suivant les langues auxquelles elles sont propres : ainsi les idiotismes de la langue française s'appellent *gallicismes*; ceux du latin, *latinismes*; ceux de l'anglais, *anglicismes*; ceux de l'allemand, *germanismes*; ceux du flamand *belgicismes*; etc. La connaissance des idio-

---

(1) Terminaison de plusieurs adjectifs : *goddeloos; nameloos; geldeloos*, etc. Féminin : *goddelooze*.

tismes faisant essentiellement partie de l'étude d'une langue, nous allons indiquer ici les principales différences qui se trouvent entre le français et flamand relativement à l'emploi et à la combinaison de quelques espèces de mots.

Remarques sur les Articles.

1. On exprime l'article indéfini en flamand, devant certains noms employés comme attributs et sans articles en français ; exemples : *ik ben* EEN *Nederlander*, je suis Belge, *hy is* EEN *advokaet*, il est avocat.

2. On se sert encore de l'article indéfini en flamand au lieu de l'article défini français, devant les noms régis par le verbe *avoir* et accompagnés d'un adjectif ; comme : *hy heeft* EENEN *zwarten baerd*, il a LA barbe noire, EENE *zachte stem*, LA voix douce, EEN *goed hert*, LE cœur bon, EEN *slecht uytzigt*, L'air méchant. De même dans ces expressions ; *ik wensch u* EENEN *goeden dag*, je vous souhaite LE bon jour EENEN *goeden avond*, LE bon soir.

3. On supprime en flamand l'article défini français qui se trouve dans les expressions suivantes : il a LES jambes bonnes, *hy heeft goede beenen* ; vous avez LES oreilles longues, *gy hebt lange ooren*.

4. On emploie quelquefois l'article possessif en flamand au lieu de l'article défini en français ; comme : *hy heeft pyn in zyn been*, il a mal à LA jambe ; *ik heb* MYNEN *arm gebroken* je me suis cassé LE bras ; et autres expressions semblables.

Remarques sur les Pronoms.

Les pronoms EN et Y se rencontrent dans un grand

nombre de gallicismes, et s'expriment en flamand de la manière suivante :

1° Si EN est partitif, on le traduit simplement par ER, que l'on met à la place que doit occuper le pronom régime dans les différentes constructions ; j'EN ai, *ik heb* ER ; EN avez-vous, *hebt gy* ER ; je crois EN avoir, *ik geloof dat ik* ER *heb*. — Si EN partitif est suivi d'un adjectif ou d'un numératif, alors on met en flamand l'adjectif ou le numératif après ER, en les faisant accorder avec le mot auquel ils se rapportent ; ainsi l'on dit, j'EN ai de bon (vin), *ik heb* ER *goeden* (s.e. *wyn*, masc) ; j'EN ai de bonne (laine), *ik heb* ER *goede*, (s.e. *wol*, fém.), j'EN ai de bonne (eau), *ik heb* ER *goed* (s.e. *water*, neut) ; j'en ai de bonnes (plumes), *ik heb* ER *goede* (s.e. *pennen*) ; j'EN ai de bons (livres), *ik heb* ER *goede* (s.e. *boeken*) ; j'EN ai trois, *ik heb* ER *dry* ; j'EN ai beaucoup, *ik heb* ER *veel* ; j'EN ai trois bons, *ik heb* ER *dry goede* ; etc.

2° Quelquefois EN partitif se rend par *die, die, dat* ou *het*, quand on peut le tourner par un pronom démonstratif ; comme : je bois du vin, quand j'EN ai, *ik drink wyn, als ik* DIEN *heb* ; avez-vous du papier ? oui j'EN ai, *hebt gy papier ? ja, ik heb* DAT ; s'il avait de l'argent, il m'EN prêterait, *indien hy geld had, zou hy het my leenen*.

3° Quand les pronoms EN et Y servent de régime indirect à un nom, à un adjectif ou à un verbe, on les rend par ER que l'on met à la place du pronom régime, et la préposition qui le gouverne se construit d'après les règles données pour les particules séparables ; exemples : je n'EN sais rien, *ik weet* ER *niets van* ; je vous EN ai parlé, *ik heb* ER *u over gesproken* ; j'EN ai des preuves, *ik heb er bewyzen van* ; j'EN suis content, *ik ben* ER *te vreden mede* ; je n'Y suis pas accoutumé, *ik ben* ER *niet aen gewoon* ; je n'Y gagne rien, *ik win* ER *niets by*; mettez-y de l'huile, *doe er olie op*; etc. On peut aussi se servir de *daer* joint à une préposition.

6. Nous avons vu que le pronom SE s'exprime par ZICH, lorsqu'il fait partie d'un verbe réfléchi, et par ELKANDER, lorsqu'il est joint à un verbe réciproque; le même pronom se trouve encore employé dans certains verbes qui n'expriment pas une action faite, mais bien une action reçue ou soufferte par le sujet; comme : *ce journal s'imprime à Bruxelles, cela s'est vendu à la livre, ce mot ne se trouve pas dans le dictionnaire.* Ces verbes, que l'on appelle pronominaux en français, se tournent et s'expriment par le passif en flamand, de cette manière : ce journal est imprimé à Bruxelles, *dit dagblad wordt te Brussel gedrukt*, cela a été vendu à la livre, *dat is by het pond verkocht geworden*, ce mot n'est pas trouvé dans le dictionnaire, *dit woord wordt in het woordenboek niet gevonden*.

7. La langue française distingue LE variable quand il se rapporte à un nom, et LE invariable quand il se rapporte à un adjectif ou à un verbe; la langue flamande se sert du pronom HET dans les deux cas; exemples : êtes-vous malade? oui, je LE suis, *zyt gy ziek? ja, ik ben* HET; Madame, êtes-vous mère? oui, je le suis, *Mevrouw, zyt gy moeder? ja, ik ben* HET, êtes-vous la mère de cet enfant? non, je ne LA suis pas, *zyt gy de moeder van dat kind? neen, ik ben* HET *niet*.

8. QUICONQUE se rend par AL WIE; exemple : quiconque est laborieux ne s'ennuie jamais, *al wie werkzaem is, verveelt zich nooyt*. — QUELCONQUE s'exprime par HOEGENAEMD, qui se met après le nom, à l'état invariable; exemple : aucun intérêt quelconque ne me fera oublier mon devoir, *geen belang, hoegenaemd, zal my myne pligt doen vergeten*.

9. Qui, quoi suivi de que, se rendent par wie, wat..... ook, de la manière suivante : qui que ce soit qui vous l'ait dit, c'est un menteur, *wie het ook zy, die het u gezegd heeft, hy is een leugenaer;* quoi que je fasse, il n'est jamais content, *wat ik ook doe, hy is nooyt te vreden;* lorsque j'étais en Espagne, je ne me fiais à qui que ce fût, *toen ik in Spanje was, vertrouwde ik geen mensch, wie het ook ware;* quoi qu'il en arrive, je partirai demain, *wat er ook gebeuren moge, ik zal morgen vertrekken.*

10. Quel, quelle suivis de que s'expriment par hoedanig..... ook, de la manière suivante : quelle que soit sa naissance, quelles que soient ses richesses, il ne doit pas s'énorgueillir, *hoedanig zyne afkomst ook zy, hoedanig zyne rykdommen ook mogen zyn, hy moet zich niet verhoovaerdigen.*

11. Quelque suivi d'un nom et de que se rend par welke.... ook, de cette manière : quelque peine qu'il se donne, il ne réussira jamais, *welke moeyte hy zich ook geven moge, het zal hem nooyt gelukken;* quelques vertus que vous ayez, votre frère est encore plus vertueux, *welke deugden gy ook hebbet, uw broeder is nog deugdzamer,* quelque part qu'il aille, il prend toujours son chien avec lui, *waer heen hy ook ga, hy neemt altoos zynen hond mede.*

12. Quelque suivi d'un adjectif et de que s'exprime par hoe.... ook, comme il suit : quelque illustre que soit sa naissance, il n'est pas estimé, *hoe voornaem ook zyne afkomst zy, hy wordt niet geacht;* quelque riches que soient ces marchands, ils ne paient pourtant pas avec exactitude, *hoe ryk deze kooplieden ook mogen zyn, zy betalen toch niet naeuwkeurig.*

13. Tout suivi d'un adjectif et de que s'exprime de même que *quelque;* exemple : tout fou qu'il est, il étudie plus que

vous, *hoe gek hy ook is, hy studeert meer dan gy.* — Tout signifiant *entièrement*, se rend par GEHEEL ; comme : elle fut toute étonnée de le voir, *zy was geheel verwonderd hem te zien.*

14. TEL... QUE s'exprime par ZOO, ZOODANIG ALS ; exemples : je suis tel que vous, *ik ben zoodanig als gy* ; la chose n'est pas telle que vous pensez, *de zaek is zoo niet als gy denkt* — *Tel* au commencement d'une phrase se rend aussi par, *zoodanig* ; comme : telle fut l'issue du combat, *zoodanig was den uytslag van het gevecht.* — TEL répété s'exprime par zoo que l'on répète pareillement ; exemples : tel maître, tel valet, *zoo heer, zoo knecht* ; telle vie, telle fin, *zoo geleefd, zoo gestorven.*

15. AUCUN, PAS, PERSONNE, RIEN suivis de QUI, QUE et d'une négation, se rendent par GEEN OF, NIEMAND OF, NIETS OF ; ex. : de tous ces livres il n'en est aucun que je ne relise chaque année, *onder al deze boeken is er geen of ik herlees hetzelve ieder jaer* ; il n'est personne qui ne soit mortel, *er is geen mensch, of hy is sterfelyk* ; il n'est point de chose dont il ne se mêle, *er is geene zaek of hy bemoeyt er zich mede* ; je n'ai rien qui ne soit à votre service, *ik heb niets, of het is tot uwen dienst.*

16. Les gallicismes C'EST MOI, C'EST VOUS, C'EST LUI, etc. se rendent par *ik ben het, gy zyt het, hy ou zy is het,* etc. ; s'il suit un pronom relatif, il s'accorde en genre et en nombre avec le pronom personnel, et le verbe suivant se met à la même personne que ce pronom ; exemples : c'est moi qui ai dit cela, *ik ben het die dat gezegd heb* ; je crois que c'est vous qui avez parlé, *ik geloof dat gy het zyt, die gesproken hebt* ; on m'avait dit que c'était vous qui chantiez, *men had my gezegd dat gy het waert die zongt.*

Remarques sur les Verbes.

17. On a vu que ZYN et WORDEN se traduisent également en français par ÊTRE, mais que le premier sert d'auxiliaire aux verbes neutres, et le second aux verbes passifs. Nous ajouterons que pour employer convenablement ces deux verbes, il faut distinguer l'état de l'action. Par exemple, *cette grammaire est imprimée à Mons*, peut signifier qu'elle a été imprimée ou qu'elle s'imprime encore actuellement ; dans le premier cas, on dira en flamand, *deze spraekkunst is te Bergen gedrukt*, et dans le second, *deze spraekkunst wordt te Bergen gedrukt*. De même on dira *hy is gehuwd*, il est marié, pour désigner qu'il a reçu la bénédiction nuptiale, et *hy wordt gehuwd* pour signifier qu'on le marie dans le moment où l'on parle.

18. Le verbe AVOIR joint au substantif BESOIN se rend en flamand par HEBBEN joint à l'adjectif NOODIG (nécessaire) ainsi l'expression *ik heb een vriend noodig*, j'ai besoin d'un ami, signifie littéralement : j'ai un ami nécessaire ; *ik heb u niet noodig*, signifie : je ne vous ai pas nécessaire, etc. — AVOIR, MAL se rend quelquefois par HEBBEN joint à l'adjectif ZEER comme : *ik heb zeere oogen*, j'ai mal aux yeux ; (m.-à-m. j'ai les yeux douloureux.)

19. AVOIR FROID, AVOIR CHAUD se rendent par le verbe ZYN joint aux adjectifs KOUD (froid), WARM (chaud); exemples : *ik ben koud*, j'ai froid ; *zy zyn warm*, ils ont chaud ; *myne handen zyn koud*, j'ai froid aux mains ; *myne voeten zyn warm*, j'ai chaud aux pieds.

20. ÊTRE PRÈS signifiant *sur le point de* se rend par *staen* ou *liggen* ; exemples : j'étais près de partir lorsque vous

arrivâtes, *ik stond te vertrekken toen gy aenkwaemt*; il est près de mourir, *hy ligt op 'het sterven*. Il est PRÊT à mourir, se traduit par *hy is* GEREED *om te sterven*,

21. AIMER, avoir des sentimens d'amour ou d'amitié pour quelqu'un, être fortement attaché à quelque chose, se rend par *beminnen*; exemples : *ik bemin mynen vader*, j'aime mon père; *gy bemint de deugd*, vous aimez la vertu. Mais en parlant d'alimens, *aimer* s'exprime par *geerne eten*, *geerne drinken*, suivant les circonstances; exemples : il aime la viande, *hy eet geerne vleesch*; il aime le vin, *hy drinkt geerne wyn*. En parlant d'autres goûts, on le rend par *houden*; comme : j'aime la musique, *ik houd van de muziek*; elle aime beaucoup les fleurs, *zy houdt veel van de bloemen*.

22. AIMER A suivi d'un infinitif s'exprime par *geerne*; exemples : j'aime à jouer, *ik speel geerne*; ma cousine aime à chanter, *myne nicht zingt geerne*; nous aimons tant à voir que vous étudiiez, *wy zien zoo geerne dat gy studeert*

23 AIMER MIEUX en parlant d'alimens, se rend par *liever eten*, *liever drinken*; exemples : j'aime mieux le poisson que la viande, *ik eet liever visch dan vleesch*; j'aimais mieux le vin que la bière, *ik dronk liever wyn dan bier*. — *Aimer mieux* suivi d'un infinitif se rend par *liever*, de cette manière : j'aime mieux rire que pleurer, *ik zou liever lagchen dan weenen*; j'aime mieux être assis que debout, *ik wil liever zitten dan staen*.

24. Quand ALLER suivi d'un infinitif marque seulement qu'une chose est près de se faire, il se rend par un temps du verbe suivant avec *zoo*, *terstond*, *aenstonds*; exemples : je vais sortir, *ik zal aenstonds uytgaen* (1); j'allais me coucher

---

(1) On dit aussi : *ik sta op het punt van uyt te gaen*.

lorsqu'il arriva, *ik ging zoo naer bed, toen hy aenkwam;* il va pleuvoir, *het zal terstond regenen;* elle va venir, *zy komt zoo;* midi va sonner, *het zal terstond twaelf uren slaen.* Mais si *aller* marque réellement une action, on se sert du verbe *gaen;* comme : je vais voir ce que c'est, *ik ga zien wat het is;* la servante est allée chercher du sucre, *de meyd is suyker gaen halen.*

25. Quand VENIR suivi d'un infinitif marque qu'une chose s'est faite tout récemment, on met le verbe suivant au passé ind. ou au plus-que-parfait en y joignant *zoo even;* exemples: je viens de me lever, *ik ben zoo even opgestaen;* votre frère vient de sortir, *uw broeder is zoo even uytgegaen;* je venais de dîner lorsqu'il entra, *ik had zoo even het middagmael gehouden, toen hy inkwam;* il vient de pleuvoir, *het heeft zoo even geregend;* midi vient de sonner, *het heeft zoo even twaelf uren geslagen.*

26. PENSER OU FAILLIR suivis d'un infinitif se rendent par le plus-que-parfait du verbe suivant auquel on ajoute l'un des adverbes *haest* ou *byna;* exemples : j'ai failli tomber, *ik was byna gevallen;* elle a pensé mourir, *zy was haest gestorven;* j'ai pensé me trahir, *ik had my haest verraden;* hier j'ai failli me casser le cou, *gisteren had ik byna den hals gebroken.*

27. MANQUER DE suivi d'un infinitif s'exprime de même que *penser, faillir;* il a manqué de tomber, *hy was byna gevallen.* — NE MANQUER PAS DE se tourne par *certainement,* en flamand *vast, zekerlyk, gewis;* exemple : je ne manquerai pas de vous appeler, *ik zal u vast roepen;* on le tourne aussi par *ne pas négliger;* comme : les malheureux ne manquent jamais de se plaindre, *de ongelukkigen laten nooyt na te klagen.*

28. PRENDRE GARDE se rend par *in acht nemen,* SE GAR-

DER BIEN DE, N'AVOIR GARDE DE, par *zich wel wachten*; exemples : prenez garde de tomber, *neem in acht dat gy niet valt*; je me garderai bien de vous parler, *ik zal my wel wachten met u te spreken*.

29. FAIRE signifiant *fabriquer, produire* se rend par *maken*, et a toujours un régime ; tandis que *faire*, pris dans la signification générale d'*agir*, s'exprime par *doen* et peut être employé sans régime. — *Faire* suivi d'un infinitif se rend par *laten*; exemples : faites venir votre frère, *laet uwen broeder komen*; je l'ai fait dire à vos amis, *ik heb het uwen vrienden laten zeggen*; vous avez fait faire une paire de souliers, *gy hebt een paer schoenen laten maken*. — *Faire* signifiant *forcer, contraindre*, se rend par *doen*; exemples : il m'a fait sentir sa colère, *hy heeft my zynen toorn doen voelen*; cela vous fera dormir, *dat zal u doen slapen*.

30. NE FAIRE QUE se tourne par *toujours*, en flamand *altyd*; NE FAIRE QUE DE, se tourne par *tout-à-l'heure* et se rend par *zoo even, nu eerst*; exemples : il ne fait que babiller, *hy snapt altyd* (1); il ne fait que d'arriver, *hy is zoo even aengekomen*; je ne fais que de commencer, *ik heb nu eerst begonnen*. Je ne fais qu'aller et revenir, se rend par : *ik kom in een oogenblik weder*.

31. N'AVOIR QUE FAIRE DE, se tourne par *n'avoir pas besoin de*, et s'exprime de la manière suivante : je n'ai que faire de vous, *ik heb u niet noodig*; je n'ai que faire de les avoir, *ik heb het niet noodig te weten*. — NE SAVOIR QUE FAIRE se rend par *niet kunnen helpen*, comme : je ne saurais qu'y faire, *ik kan het niet helpen*.

---

(1) On dit aussi : *hy doet niets dan snappen*.

32. Faire, employé impersonnellement avec un nom ou un adjectif, se rend par *het is*; exemples : il fait jour, *het is al dag*; il fait froid, *het is koud*; il faisait beau temps, *het was mooy weer*.

33. L'impersonnel falloir exprimant une obligation, se tourne par *devoir*, et se rend par *moeten*, que l'on met au même temps que *falloir*, en prenant le régime pour en faire le nominatif; exemples : il me faut partir, *ik moet vertrekken*, il vous faut aller chercher le médecin, *gy moet den geneesheer gaen halen*. Quand il n'y a pas de régime dont on puisse faire le nominatif, on tourne par le pronom *on*; comme : il faut se contenter de son sort, *men moet met zyn lot te vreden zyn*.

34. Le verbe falloir exprimant un besoin, se rend par *noodig hebben*; exemple : il me faut un chapeau, *ik heb eenen hoed noodig*; il lui faudrait sept florins, *hy zou zeven gulden noodig hebben*, ou encore *hy zou zeven gulden moeten hebben*.

35. Peu s'en faut que, s'exprime par *het scheelt weynig of*; exemple : peu s'en faut qu'il ne soit fort malheureux, *het scheelt weynig of hy is zeer ongelukkig*; peu s'en est fallu qu'il ne tombât, *het heeft weynig gescheeld of hy was gevallen*. Il s'en faut beaucoup se rend par *het scheelt veel*, etc.

36. Il importe se rend par *er is aengelegen*; exemple : il importe que votre père en soit averti, *er is aengelegen dat uw vader daervan verwittigd orde*; il m'importait de le savoir, *er was my aengelegen het te weten*. — Il n'importe pas, il importe peu, qu'importe, s'expriment de la même manière; comme : il ne m'importe pas, il m'importe peu, qu'importe que mon frère le sache, *er is my niet aengelegen, er is my weynig aengelegen, wat is daer aengelegen of myn broeder het wete*.

37. IL TARDE DE, se rend par *verlangen*, ou par *geerne* avec le conditionnel; exemple : il me tarde de vous voir, *ik verlang u te zien*; il lui tarde de partir, *hy zou geerne vertrekken*. — TARDER A, s'exprime par *lang wachten om*; comme : il a tardé à nous secourir, *hy heeft lang gewacht om ons te helpen*.

38. IL Y A, suivi d'un nom de temps, s'exprime par *het is*; exemple : il y a long-temps que je ne l'ai vu, *het is lang dat ik hem niet gezien heb* (1); il y a un an que je suis malade, *het is een jaer geleden, dat ik ziek ben*. — Il y a suivi d'un autre nom, se rend par *er is*, *er zyn* suivant que le nom est singulier ou pluriel; exemples : il y a un homme qui vous demande, *er is een man, die naer u vraegt*; il y a des gens qui le disent, *er zyn lieden die dat zeggen*; il y a de la folie, *er is dwaesheyd*, il n'y a pas de témérité, *er is geene vermetelheyd*; y a-t-il quelqu'un? *is er iemand?* je crois qu'il n'y a personne, *ik geloof dat er niemand is*.

39. IL Y EN A, se rend par *daer is er*, *daer zyn er*, suivant que l'on parle d'un ou de plusieurs objets; exemples : il y en a un (couteau), *daer is er een (mes)*; il y en avait deux (enfans), *daer waren er twee (kinderen)*, il y en eut un qui fut puni, *daer was er een, die gestraft werd*; il y en eut deux de tués, et trois de blessés, *daer waren er twee gedood, en dry gekwetst*. A la construction copulative et dans les interrogations, on supprime *daer*; exemples : y en a-t-il beaucoup? *zyn er veel?* On dit qu'il y en avait dix-sept, *men zegt dat er zeventien waren*.

---

(1) On dit aussi : *ik heb hem al lang niet gezien*, ou *ik heb hem sedert langen tyd niet gezien*.

40. Le participe présent se traduit presque toujours en flamand à l'aide d'une conjonction; exemples : votre frère devant sortir, vous demeurerez ici, *daer uw broeder uyt gaen moet, zult gy hier blyven*; voyant qu'on cherchait à le tromper, il s'en alla, *toen hy zag, dat men hem zogt te bedriegen, ging hy heen*. On se sert cependant aussi du participe présent en flamand comme : mon frère entendant ce bruit, sortit aussitôt, *myn broeder dit geraes hoorende, ging terstond naer buyten*; votre ami refusa mon invitation, disant qu'il était indisposé, *uw vriend bedankte myne uytnoodiging, zeggende dat hy onpasselyk was.*

41. Le participe présent accompagné de la préposition *en* se rend en flamand, soit par le participe présent en *al*; comme : en parlant, on apprend à parler, *al sprekende, leert men spreken*; — soit par une préposition suivie de la particule *te* avec l'infinitif; comme : en disant la vérité on se fait des ennemis, *door de waerheyd te zeggen, maekt men zich vyanden*; en payant on est quitte, *met te betalen komt men er af*; — soit enfin par une préposition avec un infinitif pris substantivement, comme : il s'est cassé la jambe en descendant, *hy heeft zyn been in het afklimmen gebroken*; je l'ai rencontré en me promenant, *ik heb hem onder het wandelen ontmoet.*

Remarques sur les Adverbes.

42. En et y, adverbes de lieu, se rendent en flamand par *er* ou *daer*; exemples : allez-vous à la ville? non, j'en viens, *gaet gy naer de stad? neen, ik kom er van daen*; mon couteau est-il sur la table? il y était, mais il n'y est plus, *is myn mes op de tafel? het was daer, maer het is er niet meer.*

43. Ne après un comparatif ou l'une des conjonctions *à moins que*, *de peur que*, *de crainte que*, ou encore l'un des mots *personne*, *jamais*, *rien*, ne s'exprime pas en flamand; exemples : vous êtes plus paresseux que vous ne croyez, *gy zyt luyer dan gy denkt*; je ne sortirai pas à moins qu'il *ne* fasse beau, *ik zal niet uyt gaen ten zy het mooy weêr worde*; personne *ne* peut être heureux sans la vertu, *niemand kan zonder deugd gelukkig zyn*.

44. Ne... que signifiant *seulement* se rend par *slechts*, *maer*, *eerst*; exemples : il ne m'a donné que deux florins, *hy heeft my slechst twee gulden gegeven*; je n'envisage que vos intérêts, *ik beschouw maer uwe belangen*; je n'ai reçu mes livres que ce matin, *ik heb myne boeken dezen morgen eerst ontvangen*. — Ne... que signifiant *rien autre chose que* s'exprime par *niets dan*; comme : je n'ai vu que sa main, *ik heb niets dan zyne hand gezien*.

45. Ne suivi de *plus* se rend par *niet meer*; exemples : j'ai été paresseux, mais je ne le suis plus, *ik ben luy geweest, maer ik ben het niet meer*; je n'irai plus vous voir, *ik zal u niet meer gaen bezoeken*. — Non plus, se rend par *ook niet*; comme : vous n'étiez pas au concert, ni moi non plus, *gy waert niet op het concert, en ik ook niet*; je ne suis pas curieux, ni vous non plus, *ik ben niet nieuwsgierig, en gy ook niet*.

46. Plus exprimant une comparaison se rend par *meer* ou un comparatif avec *dan*; exemples : il a plus de cent mille florins de revenu, *hy heeft meer dan honderd duyzend gulden inkomen*; elle a plus de vingt cinq ans, *zy is ouder dan vyf en twintig jaren* (1). — Plus de indiquant une privation s'ex-

---

(1) On dit aussi : *zy is over de 25 jaren*.

prime par *geen meer;* comme : il n'a plus de chevaux, *hy heeft geene peerden meer.*

47. Plus répété s'exprime, le premier par *hoe meer* ou bien *hoe* avec un comparatif, et le second par *des te* aussi avec un comparatif; exemple : plus vous l'avez aimé, plus il est ingrat, *hoe meer gy hem bemind hebt, des te ondankbaerder is hy;* plus l'encre est noire, meilleure elle est. *hoe zwarter den inkt is, des te beter is hy.* On peut aussi exprimer le second *plus* de la même manière que le premier; exemple : plus je pense à cette affaire, plus je vois que vous avez tort, *hoe meer ik deze zaek nadenk. hoe meer ik bevind dat gy ongelyk hebt;* plus on est riche, plus on est avare, *hoe ryker, hoe gieriger.*

48. Moins répété s'exprime, par *hoe min* que l'on répète; exemple : moins on boit, moins on a soif, *hoe min men drinkt, hoe min dorst men heeft.*

49. D'autant plus se rend par *des te meer, zoo veel te meer;* d'autant moins par *des te min, zoo veel te min;* exemp. : on pêche d'autant plus que l'on pense moins à Dieu, *men zondigt des te meer, hoe men min aen Godt denkt;* on entend cette musique avec d'autant moins de plaisir qu'on approche davantage, *men hoort deze muziek met zoo veel te min genoegen, hoe men nader komt.*

50. Autant répété se rend par *zoo veel* que l'on répète; exemple : autant d'hommes, autant d'opinions, *zoo vele menschen, zoo vele zinnen.*

Remarques sur les Prépositions.

51. Ce que nous avons dit, suffit pour faire connaître la

gnification propre de toutes les prépositions; quant à leur signification figurée, elle dépend entièrement de la manière de voir des différens peuples, et doit par conséquent varier dans chaque langue, ainsi l'on dit en français: boire dans un verre, et en flamand UYT *een glas drinken*; en français : être AU soleil, et en flamand, IN *de zon staen* ou *liggen*, etc.; fumer dans une pipe, *uyt eene pyp rooken*; manger dans une assiette, *uyt eene telloor eten*; c'est mon verre, j'y bois, *het is myn glas, ik drink er uyt*; c'est mon pain j'en mange, *het is myn brood ik eet er van*; prenez le violon et en jouez, *neemt de viool en speelt er op*; prenez les cartes et y jouez, *neemt de kaerten en speelt er mede*; je joue de la clarinette, *ik speel op de klarinet*; je joue aux quilles, *ik speel met de kegelen*, etc. Les idiotismes qui résultent de l'emploi des prépositions sont si bizarres et si nombreux, que l'usage seul peut les faire connaître; nous donnerons cependant ici quelques observations.

52. Les prépositions qui accompagnent un nom de lieu, peuvent marquer, 1° le lieu où l'on est, 2° le lieu où l'on va, 3° le lieu d'où l'on vient, 4° le lieu par où l'on passe.

1° Quand on remarque le lieu où l'on est, la préposition s'exprime par *te* devant un nom propre de ville ou de village (1), par *in* devant un nom de contrée ou de province, et par *in* ou *op* devant un nom commun de lieu; exemples : il est à Liége, *hy is te Luyk*; à Waterloo, *te Waterloo*; en France, *in Frankryk*; en Hainaut, *in Henegouwen*; à l'église,

---

(1) Si le nom de ville comprend l'article défini, on sert de *in*; exemples : il demeure à La Haie, *hy woont in den Haeg*; à La Brielle, *in den Briel*.

in de kerk; au jardin, *in den tuyn;* sur le toit, *op de dak;* au marché, *op de markt;* à la campagne, *op het land.* On dit : à la maison, *te huys;* au lit, *te bed.*

2° Quand on marque le lieu où l'on va, la préposition se rend par *naer* devant les noms propres comme devant les noms communs; exemples: il va à Lille, *hy gaet naer Ryssel;* en France, *naer Frankryk;* à la cave, *naer den kelder;* au marché, *naer de markt,* à la campagne, *naer het land;* à la maison, *naer huys.*

3° Quand on marque le lieu d'où l'on vient, on se sert des prépositions *van* ou *uyt;* comme : il vient de Londres, *hy komt van Londen;* d'Espagne, *uyt Spanje;* de la Chine, *uyt China;* de l'église, *uyt de kerk;* de la maison, *van huys.*

4° Quand on marque le lieu par où l'on passe, on emploie la préposition *door;* exemples : il a passé par Rotterdam, *hy is door Rotterdam gegaen;* par la Pologne, *door Polen;* par le jardin, *door den hof;* par les faubourgs, *door de voorsteden;* par la maison, *door het huys.*

53. La préposition CHEZ se rend aussi de différentes manières suivant le lieu auquel elle se rapporte; exemples : il est chez son père, *hy is by zynen vader;* il va chez son père, *hy gaet* NAER HET HUYS VAN *zynen vader;* il vient de chez sa mère, *hy komt* VAN HET HUYS *zyner moeder;* il passera par chez son oncle, *hy zal* DOOR HET HUYS VAN *zynen oom gaen.*

54. Les noms qui marquent l'instrument avec lequel on fait quelque chose, sont précédés de la préposition *met* en flamand; exemples : ils se sont battus à coups de poing, *zy hebben met de vuyst gevochten;* j'ai fermé la porte au verrou, *ik heb de deur met den grendel gesloten.*

55. Le nom de la manière est ordinairement précédé de la préposition *op*; comme : il m'a répondu d'un ton doux, *hy heeft my op eenen zachten toon geantwoord*; il est habillé à la flamande, *hy is op zyn vlæmsch gekleed*; à l'anglaise. *op zyn engelsch.*

56. Le nom de la maladie dont on est atteint ou dont on meurt, s'exprime à l'aide de la préposition *aen*; exemples : il est malade de la fièvre, *hy ligt ziek aen de koorts*; ma mère est morte de la colique, *myne moeder is aen de buykpyn overleden.*

Remarques sur les Conjonctions.

57. La conjonction QUE, la plus usitée en français, se rend presque toujours par *dat* en flamand, excepté après les comparatifs, qu'elle s'exprime par *dan* ou *als*; exemples : je crois, j'espère que vous serez content, *ik geloof, ik hoop dat gy te vreden zult zyn*; vous êtes aussi heureux que moi, *gy zyt zoo gelukkig als ik*; il est plus riche que vous ne dites, *hy is ryker dan gy zegt*. — QUE se rapportant à *même, tel*, s'exprime par *als*; quand il se rapporte à *personne, jamais, rien, nulle part, autrement*, on le rend par *dan*; exemples : on m'a fait un accueil tel que je pouvais le souhaiter, *men heeft my zulk een onthael aengedaen, als ik wenschen kon*; j'ai essuyé les mêmes périls que vous, *ik heb de zelve gevaren als gy uytgestaen*; ces plumes étaient tout autres que les premières, *deze pennen waren geheel anders dan de eerste*; elle parle autrement qu'elle ne pense, *zy spreekt anders dan zy denkt*. — QUE après *tant, si, tellement* se rend par *dat*; exemple : il fait si froid qu'on ne saurait travailler, *het is zoo*

ysselyk koud dat men niet werken kan; il y a tant de fruits qu'on ne peut les compter, *er zyn zoo vele vruchten, dat men ze niet tellen kan.* Quand *si*, peut se tourner par aussi, le *que* s'exprime par *als* comme : la terre n'est pas si (aussi) grande que le soleil, *de aerde is zoo groot niet als de zon.*

58. Que après *douter* s'exprime par *dat* ou *of* : je doute que cela soit vrai, *ik twyfel dat dit waer zy*; mais quand il y a une négation avec *douter* alors il est nécessaire que l'on exprime le *que* par *of*, je ne doute pas qu'il ne dise la vérité, *ik twyfel niet of hy zegge de waerheyd.* Que après à peine, pas plus tôt, s'exprime par *of*; exemples: à peine me voit-il, qu'il me parle flamand, *naeuwelyks ziet hy my, of hy spreekt my vlaemsch;* il n'est pas plus tôt dans la maison, qu'il commence à travailler, *hy is niet zoo haest in huys of hy begint te werken.* Que signifiant sans que, se rend aussi par *of*; exemple : il ne joue jamais qu'il ne perde, *hy speelt nooyt of hy verliest;* mais *que* signifiant *avant que* s'exprime par *eerdat*; comme : je ne partirai pas que je ne vous aie vu, *ik zal niet vertrekken eer dat ik u gezien heb.*

59. Si, après les verbes *dire, demander, interroger, examiner, ne pas savoir, etc.*, s'exprime par *of* en flamand, exemples : demandez-lui s'il viendra, *vraeg hem of hy zal komen*; je ne sais s'il dort ou non, *ik weet niet of hy slaept of niet.*

60. Soit répété s'exprime, le premier par *het zy*, le second par *of*; et s'il est suivi de *que*, on y ajoute *dat*; exemples : il est content de tout, soit bien, soit mal, *hy is met alles te vreden, het zy goed of kwaed;* soit que vous buviez, soit que vous mangiez, pensez aux malheureux, *het zy dat gy eet, of dat gy drinkt, denk aen de ongelukkigen.*

DES EXPRESSIONS FIGURÉES.

Les expressions figurées peuvent être mises au rang des idiotismes. Elles proviennent généralement des mœurs et des usages de chaque pays, et varient pour ainsi dire dans chaque idiome. C'est ainsi que pour s'informer de l'état de la santé, l'on dit en français : *comment vous portez-vous?* en anglais : *how do you do?* (expression bizarre qui signifie littéralement : *comment faites-vous faire*); en allemand : *wie befinden sie Sich?* (locution équivalente à *comment vous trouvez-vous*, et très-analogue à la gravité du peuple qui s'en sert); en flamand : *hoe vaert gy?* (m-à-m. *comment naviguez-vous*, figure empruntée aux usages et à la nature du pays des anciens bataves); en latin : *quomodo vales?* en Italien *come sta ella?* en espagnol : *como lo pasa?* etc. Nous indiquerons ici comparativement les principales expressions figurées dont on se sert en français et en flamand.

Aller à tout vent.	*Veranderlyk als een weerhaen-*
Avoir des absences d'esprit.	*Zich niet wel bezinnen.* [*zyn*[1].
Avoir l'air.	*Uytzien.*
Avoir la tête près du bonnet.	*Kort van stof zyn.*
Avoir le cœur sur les lèvres.	*Meenen het geen men zegt.*
Avoir un pied de nez.	*Eenen langen neus krygen.*
Bâtir des châteaux en Espa-	*Kasteelen in de lucht*[2] *bouwen.*
Boire son bien. [gne.	*Zich arm drinken.*
Brider le cheval par la queue.	*De zaken verkeerd*[3] *aenvatten.*

[1] Girouette. [2] Air. [3] A rebours.

C'est la mer à boire.	Het is een eyndeloos werk.
Couper la parole à quelqu'un.	Iemand in de rede vallen.
De fil en aiguille.	Van stukje tot beetje.
Désabuser quelqu'un.	Iemand uyt den droom [1] helpen.
Donner carte blanche.	Onbepaelde magt geven.
Donner tête baissée.	Hals over kop loopen.
Donner un pois pour avoir une fève.	Eenen spiering [2] uytwerpen om eenen kabeljauw [3] te vangen.
Dorer la pilule.	De zaek wat opsmukken [4].
Employer le vert et le sec.	Alles aenwenden.
Etre court d'argent.	Slecht by kas zyn.
Etre d'accord.	Het eens zyn.
Etre entre l'enclume et le marteau.	Tusschen twee stoelen in de asch zitten.
Etre malade à mourir.	Dood ziek zyn.
Faire accroire que des vessies sont des lanternes.	Knollen [5] voor citroenen [6] verkoopen.
Faire banqueroute.	Bankeroet spelen.
Faire des coqs-à-l'âne.	Van den os op den ezel springen.
Faire fond sur quelqu'un.	Zich op iemand verlaten.
Faire le diable à quatre.	Een verbruyd [7] leven maken.
Faire l'enfant.	Zich kinderachtig aenstellen.
Faire le bel esprit.	Met zyn verstand zoeken te pronken [8].
Faire le suffisant.	Zich veel inbeelden.
Faire prisonnier.	Gevangen nemen.
Filer doux.	Goede woorden geven.
Filer sa corde.	Tot de galg opwassen.

---

[1] Rêve. [2] Eperlan. [3] Cabeliau. [4] Orner. [5] Navets. [6] Citrons. [7] Gâté. [8] Briller.

Gagner sa vie.	Zyn brood verdienen.
Graisser la patte à quelqu'un.	Iemand de handen vullen.
Manger son blé en herbe.	Zyn korentje groen opeten.
Mesurer à son aune.	Naer zich zelven oordeelen.
Mesurer tout le monde à la même aune.	Iedereen over den zelfden kam scheren.
Mettre de l'eau dans son vin.	De snaren [1] niet te hoog spannen.
Mettre en prison.	In gevangenis nemen.
Mettre le feu à quelque chose.	Iets in den brand steken.
Nager entre deux eaux.	Zich onzydig houden.
Parler à tort et à travers.	In het wild spreken.
Payer la folle enchère.	Het nadeelige van iets ondervinden.
Payer les pots cassés.	Het gelag [1] betalen.
Plier bagage.	Met zak en pak vertrekken.
Prendre la balle au bond.	De gelegenheyd wel waernemen.
Prendre quelqu'un au mot.	Iemand by zyn woord houden.
Promettre monts et merveilles.	Gouden bergen beloven.
Rendre la pareille à quelqu'un	Iemand met dezelfde munt betalen.
Rires aux anges.	Zonder reden lagchen.
Rire sous cape.	In zyne vuyst [2] lagchen.
S'accomoder au temps.	De huyk [3] naer den wind hangen.
S'attirer quelque chose.	Zich iets op den hals halen.
Se jeter au cou de quelqu'un.	Iemand om den hals vallen.
Se mettre en quatre.	In de bogt [4] springen.
Se mordre les pouces.	Zich berouwen.
Souffler le froid et le chaud.	Het water in de eene hand, en het vuer in de andere dragen.
Supporter la boisson.	Tegen den drank kunnen.
Tomber de Charybde en Scylla.	Van den wal in de sloot raken.

---

[1] Cordes. [2] Écot. [3] Poing. [4] Cape. [5] Sinuosité.

Personne ne nous entend.	Niemand hoort ons.
Comment s'appelle cela?	Hoe heet dat?
Comment dit-on cela en flamand?	Hoe zegt men dat in het vlaemsch.
Depuis quand apprenez-vous la langue flamande?	Hoe lang leert gy de vlaemsche tael.
Il n'y a que deux mois.	Maer twee maenden.
Cela ne va pas si mal.	Dat gaet zoo kwalyk niet.
Vous ne faites pas de fautes considérables.	Gy begaet geene aenmerkelyke fouten.
Pour saluer quelqu'un.	Om iemand te groeten.
Bon jour.	Goeden morgen. Goeden dag.
Bon jour, mon père.	Dag, vader.
Bon soir, Bonne nuit.	Goeden avond. Goeden nacht.
Ah! c'est vous, monsieur.	Ha! zyt gy het, mynheer.
Je suis bien aise de vous voir.	Ik ben zeer blyde u te zien.
Je suis votre très-humble serviteur.	Ik ben uw ootmoedigsten dienaer.
J'ai l'honneur de vous saluer.	Ik heb de eer u te groeten (1).
Monsieur votre servante.	Mynheer, uwe dienares.
Je dois vous faire les complimens de votre frère.	Ik moet u de groetenis van uwen broeder doen.
Saluez-le de ma part.	Groet hem van my.
Faites-lui mes complimens.	Doe hem myne gebiedenis.
Jusqu'au revoir.	Tot wederziens
A tantôt.	Tot flusjes, tot strak.

---

(1) On dit aussi : *ik heb de eer my aen te bevelen* pour : j'ai l'honneur de vous saluer.

Pour s'informer de la santé.	Om naer de gezondheyd te vernemen.
Comment vous portez-vous, monsieur?	Hoe vaert gy, mynheer?
Très-bien et vous.	Zeer wel en gy.
Je me porte bien aussi.	Ik vaer ook wel.
Comment va a santé?	Hoe gaet het met uwe gezondheyd.
Comment se porte votre famille?	Hoe vaert de familie?
Assez bien, Dieu merci.	Vry wel, God dank.
Comment va M. votre père?	Hoe vaert mynheer uw vader?
Il est enrhumé.	Hy is verkoud.
Et madame votre mère?	En mevrouw uwe moeder?
Elle est en parfaite santé.	Zy is volkomen gezond.
Comment se porte votre aieul?	Hoe vaert uw grootvader?
Très-bien pour son âge.	Heel wel, naer zyne jaren.
Comment se portent vos sœurs?	Hoe varen uwe zusters?
Pas trop bien.	Niet al te wel.
Qu'ont-elles?	Wat deert (scheelt) haer?
Elles sont indisposées.	Zy zyn ongesteld.
Cela ne sera rien.	Dat zal niet met al zyn.
Adieu.	Vaer wel.
A l'occasion d'une visite.	*By een bezoek.*
On frappe à la porte.	Men klopt aen de deur.
Qui est là? Qui est-ce?	Wie is daer? Wie is het?
Entrez.	Treed in. Kom binnen.
Asseyez-vous.	Ga zitten.
Veuillez vous asseoir.	Neem de moeyte van te gaen zitten.
Je vous dérange peut-être?	Ik doe u misschien belet?
Ne viens-je pas vous déranger?	Zal ik u geen belet aendoen?
Aucunement, prenez place.	Geenszins, neem eenen stoel.

PROVERBES.

Les proverbes, qui sont aussi de vrais idiotismes, ne sont pas admis dans le genre noble et élevé; mais on en fait usage dans la conversation et le style familier. Voici les principaux tant en français qu'en flamand :

A bon entendeur demi-mot. *Die wel verstaet, heeft maer een half woord noodig.*

Ainsi va le monde. *Zoo gaet het in de wereld.*

Après la pluie, le beau temps. *Na regen komt zonneschyn.*

A quelque chose malheur est bon. *Een ongeluk heeft ook zyn nut.*

Argent comptant porte médecine. *Het geld, dat stom is, maekt regt wat krom[1] is.*

Belle montre et peu de rapport *Kael[2] en knapjes[3].*

Bon chien chasse de race. *Den appel valt niet ver van den [stam.*

Cela passe raillerie. *Gy maekt het te grof.*

C'est là que gît le lièvre. *Daer ligt den knoop[4]*

Charité bien ordonnée commence par soi premier. *Het hemd is nader dan den rok.*

Chat échaudé craint l'eau froide. *Eenen ezel stoot zich geen tweemael aen eenen steen.*

Chien qui aboie ne mord pas. *De honden, die blaffen, byten*

Chose promise est due. *Belofte maekt schuld.* [*niet.*

Dans les petites boîtes sont les fines épices. *Kleyne menschen zyn ook zeer verstandig.*

---

[1] Courbe. [2] Chauve. [3] Joliment. [4] Nœud.

Dis-moi qui tu fréquentes, je te dirai qui tu es. [geron.	Daer men mede verkeert, daer wordt men mede geëerd.
En forgeant on devient forson.	Oefening leert.
En pressant trop l'anguille, on la perd.	Haestige spoed is zelven goed.
Habit de velours, ventre de son.	Moey gekleed en geen duyt in den zak.
Honni soit qui mal y pense.	Een schelm, die er kwaed van denkt.
Il a fait un trou à la lune.	Hy is met de noorder zon verhuysd.
Il est connu comme le loup gris.	Hy is bekend als den bonten[1] hond.
Il est pauvre comme un rat.	Hy is zoo arm als de mieren.
Il est permis de penser ce que l'on veut.	De gedachten zyn tolvry[2].
Il faut vivre avec le monde.	Men moet leven en laten leven.
Il ne se mouche pas du pied.	Hy is zoo dom niet.
Il n'est pire eau que celle qui dort.	Stille wateren hebben diepe gronden.
Il n'est sauce que d'appétit.	Honger is den besten kok.
Il n'est si bon charretier qui ne bronche.	Het beste peerd struykelt wel eens.
Il n'y a ni rime ni raison.	Het raekt kant[3] noch wal[4].
Il s'y entend comme à ramer des choux.	Hy is er zoo kundig in, als den os in den bybel.
Il vaut mieux tendre la main que le cou.	Het is beter te bedelen dan te stelen.

---

[1] Bigarré. [2] Exempt d'impôt. [3] Bord. [4] Côte.

Jeter le manche après la cognée. [bois.	De hoop¹ verliezen.
La faim chasse le loup du	Den honger is een scherp zweerd.
La pelle se moque du fourgon. [delle.	Den pot verwyt den ketel dat hy zwart is.
Le jeu ne vaut pas la chan-	Het sap² is den kost³ niet weerd
Les murailles ont des oreilles.	Er zyn te veel pannen⁴ op het dak.
Les premiers vont devant.	Die eerst komt, die eerst maelt.
L'habit ne fait pas le moine.	Het kleed maekt den man niet.
L'homme propose, Dieu dispose. [rire.	De mensch denkt, God bestuert.
Marchand qui perd ne peut	In tegenspoed, niet wel gemoed
Médecin, guéris-toi toi-même.	Schoenmaker blyf by uwen leest.
Monnaie fait tout.	Geld is de leus⁵.
On attrape plus de mouches avec du miel qu'avec du vinaigre.	Men wint meer door zachtzinnigheyd dan door kwaedaerdigheyd.
Où il n'y a rien, le roi perd ses droits.	Waer niets is, daer verliest den keyzer zyn regt.
Petite pluie abat grand vent.	Een goed woord vindt eene goede plaets.
Quand on veut noyer un chien, on dit qu'il est enragé	Als men een hond wilt slaen, kan men ligt eenen stok vinden.
Qui bien aime, tard oublie.	Oude liefde roest niet.
Qui se fait brébis, le loup le mange.	Al te goed is buermans gek.
Qui trop embrasse, mal étreint.	Die te veel onderneemt slaegt kwalyk.

---

¹ Espoir. ² Jus. ³ Chou. ⁴ Tuile. ⁵ Signal.

Qui veut tromper, est souvent trompé.	Die voor een ander' eenen kuyl graeft, valt er gemeenlyk zelf in.
Tant va la cruche à l'eau qu'à la fin elle se casse.	De kruyk gaet zoo lang te water tot dat zy breekt.
Tête de fou ne blanchit jamais.	Gekken gryzen niet. [blinkt.
Tout ce qui reluit n'est pas [or.	Het is niet alles goud wat er
Tout se fait avec le temps.	Den tyd baert rozen.
Une fois n'est pas coutume.	Een is geen.
Un tiens vaut mieux que deux tu l'auras. [reilles.	Een vogel in de hand is beter dan twee die er vliegen.
Ventre affamé n'a point d'o-	Praetjes vullen den buyk niet.

LOCUTIONS FAMILIÈRES. GEMEENZAME SPREEKWYZEN.

Ne parlons point français.	Laet ons geen fransch spreken.
Parlons plutôt flamand.	Laet ons liever vlaemsch spreken.
Me comprenez-vous ?	Verstaet gy my ?
Prononcez plus lentement.	Spreek langzamer uyt.
Parlez haut; parlez bas.	Spreek hard; spreek zachtjes.
On m'a dit que vous appreniez le flamand.	Men heeft my gezegd, dat gy vlaemsch leert.
Parlons un peu ensemble.	Laet ons eens te zamen spreken.
Je n'oserais.	Ik durf niet.
Dites ce que vous savez.	Zeg het geen gy weet.
Vous vous moquerez de moi.	Gy zult met my lagchen.

Qu'y a-t-il à votre service ?	Wat is er van uwen dienst ?
Je viens passer un instant avec vous.	Ik kom een uertje met u doorbrengen.
Soyez le bien venu, Monsieur.	Wees welkom, Mynheer.
Vos visites me seront toujours fort agréables.	Uwe bezoeken zullen my altyd zeer aengenaem zyn.
Je suis charmé de vous voir.	Het verheugt my u te zien.
Vous me faites beaucoup d'honneur.	Gy doet my veel eer aen.

Sur la température.   Over het weêr.

Quel temps fait-il ?	Welk weêr is het ?
Il fait beau.	Het is schoon weêr.
Il fait mauvais.	Het is slecht weêr.
Il fait un temps doux.	Het is zacht weêr.
Il fait sale.	Het is morsig.
Il fait sec.	Het is droog.
Il fait glissant.	Het is glad.
Il fait de la poussière.	Het stuyft.
Il fait du vent.	Het is winderig.
Le temps se couvre.	Het wordt donker weêr.
Le temps se remet au beau.	Het weêr heldert op.
Le temps est au dégel.	Het weêr ontlaet zich.
Le tonnerre gronde.	Den donder rommelt.
La pluie cesse.	Den regen houdt op.
Le soleil luit.	De zon schynt.
Le soleil se couche.	De zon gaet onder.
Le soleil est couché.	De zon is al onder.
La lune se lève.	De maen komt op.
La lune est levée.	De maen is al op.

Sur la promenade.   Over het wandelen.

Allons faire un petit tour.	Laet ons eens gaen wandelen.
Où irons-nous ?	Waer zullen wy gaen?
Où me conduirez-vous ?	Waer zult gy my brengen?
Allons-nous promener le long du rempart.	Laet ons langs de vest (op den wal) gaen wandelen.
Par quelle porte sortirons-nous ?	Welke poort zullen wy uytgaen?
Comme cela vous plaira.	Zoo als het u believen zal.
Nous allons un peu trop vite.	Wy gaen een weynig te ras.
Marchons plus lentement.	Laet ons wat zachter aentreden.
Je commence à être fatigué.	Ik begin moede te worden.
Je suis hors d'haleine.	Ik ben buyten adem.
Asseyons-nous sur ce banc.	Laet ons op deze bank gaen zitten.
Voilà une vue agréable.	Zie daer een aengenaem gezigt.

Sur le temps.   Over den tyd.

Quelle heure est-il ?	Hoe laet is het?
Il est encore de bonne heure.	Het is nog vroeg.
Regardez à votre montre.	Zie op uw horlogie.
Il n'est que sept heures.	Het is maer zeven uren.
Votre montre va-t elle bien ?	Gaet uw horlogie?
Elle va à la minute.	Het gaet op de minuet af.
La mienne est arrêtée.	Het myne is stil blyven staen.
Elle retarde souvent.	Het gaet dikwyls te langzaem.
La vôtre avance.	Het uwe gaet te gaeuw.
Je ne l'ai pas remontée.	Ik heb het niet opgewonden.
La cloche sonne.	De klok slaet.
Reglez votre montre.	Zet uw horlogie goed.

Je l'ai réglée d'après le soleil.	Ik heb het met de zon gelyk gezet.
Il est tard.	Het is laet.
Il n'est pas encore une heure.	Het is nog geen een uer.
Il n'est que midi et demi.	Het is maer half een.
Le quart vient de sonner.	Het heeft zoo het kwartier geslagen.
La demie sonne précisément à la maison de ville.	Het slaet juyst half op het stadhuys.

Sur l'âge.   Over den ouderdom.

Quel âge avez-vous ?	Hoe oud zyt gy ?
J'ai quarante ans.	Ik ben veertig jaren.
On ne le dirait pas.	Men zou dat niet zeggen.
Et vous, quel est votre âge ?	En hoe oud zyt gy dan ?
J'ai trente ans.	Ik ben dertig jaren.
Vous êtes encore jeune.	Gy zyt nog jong.
Je pensais que vous n'aviez que vingt-cinq ans.	Ik dacht dat gy maer vyf en twintig waert.
Quel âge a M. votre père ?	Hoe oud is Mynheer uw vader ?
Il n'a que 50 ans.	Hy is maer vyftig jaren.
Et Mlle votre sœur ?	En Mejufvrouw uwe zuster ?
Elle n'a pas encore 18 ans.	Zy is nog geen achtien jaren.

Au dîner.   Onder het middag mael.

Monsieur, nous ferez-vous l'honneur de dîner avec nous ?	Mynheer, zult gy ons de eer aendoen met ons te eten ?
J'en serais fort honoré, mais cela m'est impossible.	Het zou my zeer veel eer zyn, maer het is my onmogelyk.
Pourquoi donc ?	Waerom dan ?
Je suis attendu chez mon frère.	Myn broeder wacht my.

Ne faites pas de cérémonies.	Maek geene pligtplegingen.
Mettez-vous à table.	Zet u aen tafel.
Bon appétit.	Eet smakelyk.
Je le ferai dire à votre frère.	Ik zal het uwen broeder laten zeggen.
Aimez-vous la soupe?	Houdt gy van soep?
Vous servirai-je du bouilli?	Zal ik u met gekookt-vleesch dienen?
La viande est trop cuite.	Het vleesch is te gaer.
Je vous servirai de ces légumes.	Ik zal u wat van die groenten geven.
Prenez du pain et passez le.	Dien u met brood en geef het rond.
Versez nous du vin.	Schenk ons wyn.
Allons, à votre bonne arrivée.	Kom aen, op uwe goeden aenkomst.
A la santé de madame.	Op de gezondheyd van Mevrouw.
A la vôtre.	Op de uwe.
Ouvrez la porte.	Doe de deur open.
Fermez la porte.	Doe de deur toe.
Dépêchez-vous.	Haest u.
Mouchez la chandelle.	Snuyt de kaers, keers.
Je vous en prie.	Ik bid er u om.
Où demeure votre oncle?	Waer woont uw oom?
Vous le savez bien.	Gy weet het wel.
Pardonnez-moi.	Vergeeft het my.
Je ne m'en souviens plus.	Het heugt my niet meer.
Montrez-moi le chemin.	Wys my den weg.
S'il vous plaît.	Als het u belieft.

Je vous serai bien obligé,	Ik zal u zeer verpligt zyn.
Prenez garde de tomber,	Pas op dat gy niet valt.
Cela ne vous regarde pas,	Dat gaet u niet aen.
Il me semble que oui,	My dunkt wel van ja.
Je pense que non,	Ik denk wel van neen.
Bien vous fasse!	Wel bekome het u!
Venez ici, mon ami,	Kom hier, myn vriend.
Restez-là,	Blyf daer.
Attendez un moment,	Wacht een oogenblik.
Passez votre chemin,	Ga uwen weg.
Allez-vous en,	Ga heen.
Revenez vite,	Kom gaeuw weder.
Faites place,	Maek plaets.
Reculez un peu,	Schuyf wat om.
Ne vous éloignez pas,	Verwyder u niet.
Ne bougez pas de là,	Ga niet van daer.
Restez à la maison,	Blyf te huys.
Ne sortez pas,	Ga niet uyt.
Où va-t-il?	Waer gaet hy naer toe?
Je vais devant la porte,	Ik ga aen de deur.
Je viens de ma chambre,	Ik kom uyt myne kamer.
D'où vient la sœur?	Van waer komt de zuster.
Je l'ignore,	Ik weet het niet.
Viendra-t-il seul?	Zal hy alleen komen?
Quand l'attendez-vous?	Wanneer verwacht gy hem?
J'ai besoin de vous,	Ik heb u noodig.
Avez-vous besoin de moi?	Hebt gy my noodig?
Non, mais j'ai besoin de votre ami,	Neen, maer ik heb uwen vriend noodig.
Il n'est pas chez lui,	Hy is niet te huys.

Il est sorti,	Hy is uyt.
Qui vous l'a dit?	Wie heeft het u gezegd?
Un étranger,	Een vreemdeling.
Un inconnu,	Een onbekenden.
Ne faites pas cela,	Doe dat niet.
Pourquoi ne le fait-il pas?	Waerom doet hy het niet?
Il le fera,	Hy zal het doen.
Le fait-il?	Doet hy het?
Le fit-il?	Deed hy het?
Je le ferai demain,	Ik zal het morgen doen.
Faites cela pour moi	Doe dat voor my.
Dépêchez-vous,	Haest u.
Ne lambinez pas,	Talm niet.
Je vous attends,	Ik wacht u.
Connaissez-vous ce monsieur?	Kent gy dien heer?
Je ne le connais pas,	Ik ken hem niet.
Je ne l'ai jamais vu,	Ik heb hem nooyt gezien.
D'où vient-il?	Waer komt hy van daen?
Il vient de Dord,	Hy komt van Dordrecht.
C'est un marchand,	Het is een koopman.
Je le connais depuis longtemps,	Ik ken hem sedert lang.
Nous nous connaissons très-bien,	Wy kennen elkanderen zeer wel.
Il nous connaît aussi,	Hy kent u ook.
Nous connaissons ces précepteurs,	Wy kennen die leermeesters.
Ils ne nous connaissent pas,	Zy kennen ons niet.
Est-il bien possible?	Is het wel mogelyk?
Il viendra ici,	Hy zal hier komen.

Il viendra me voir,	*Hy zal my komen bezoeken.*
Il me rendra visite,	*Hy zal my een bezoek geven.*
Mais il ne sort jamais,	*Maer hy gaet nooyt uyt.*
Il est toujours chez lui,	*Hy is altyd te huys.*
Je l'attends aujourd'hui,	*Ik wacht hem van daeg.*
J'espère qu'il viendra,	*Ik hoop dat hy komen zal.*
N'en doutez pas,	*Twyfel er niet aen.*
Je n'en doute pas,	*Ik twyfel er niet aen.*
Qui en doute?	*Wie twyfelt er aen?*
J'en suis assuré,	*Ik ben er verzekerd van.*
Quel temps fait-il?	*Welk weér is het?*
Il fait beau temps,	*Het is schoon weér.*
Fait-il beau temps?	*Is het schoon weér?*
Ne fait-il pas beau temps?	*Is het geen schoon weér?*
Le soleil luit,	*De zon schynt.*
Fait-il du soleil?	*Schynt de zon?*
Il fait mauvais temps,	*Het is slecht weér.*
Il ne fait pas mauvais temps,	*Het is geen slecht weér.*
Il pleut,	*Het regent.*
Il tonne,	*Het dondert.*
J'entends le tonnerre,	*Ik hoor den donder.*
Le tonnerre gronde,	*Den donder rommelt.*
Je n'entends rien,	*Ik hoor niets.*
Etes-vous sourd?	*Zyt gy doof?*
Pas que je sache,	*Niet dat ik weet.*
Il grêle, je crois,	*Het hagelt, geloof ik.*
Il neige,	*Het sneeuwt.*
Il ne neige pas,	*Het sneeuwt niet.*
Mais il neigera demain,	*Maer het zal morgen sneeuwen.*

Et il gèlera,	En het zal vriezen.
Je dis qu'il dégèlera,	Ik zeg dat het dooyen zal.
Le temps est changé,	Het weér is veranderd.
Il fait un temps doux,	Het is zacht weér.
Le printemps commence,	De lente begint.
Les arbres poussent déjà,	De boomen loopen al uyt
Ils fleuriront bientôt,	Zy zullen welhaest bloeyen.
J'ai très-chaud,	Ik ben zeer warm.
Promenons-nous,	Laet ons gaen wandelen.
Faisons une promenade,	Laet ons eene wandeling doen.
Il fait du vent,	Het is winderig.
Il fait beaucoup de vent,	Het is zeer winderig.
Le temps se couvre.	Het wordt donker weér.
Nous aurons de la pluie,	Wy zullen regen hebben.
Il va pleuvoir,	Het zal gaen regenen.
Il commence à pleuvoir,	Het begint te regenen.
Je suis percé jusqu'aux os,	Ik ben door en door nat.
Je vois l'arc-en-ciel,	Ik zie den regenboog.
C'est un signe de beau temps,	Dat is een teeken van moey weér.
Le temps se remet au beau,	Het weér heldert op.
La pluie cesse,	Den regen houdt op
Il pleut à verse,	Het regent dat het giet.
Il a plu plusieurs jours de suite,	Het heeft verscheydene dagen achtereen geregend.
Il pleuvra encore davantage,	Het zal nog meer regenen.
Plut-il hier aussi?	Regende het gisteren ook?
Je crois que si,	Ik geloof van ja.
Voyez l'arc-en-ciel,	Zie den regenboog.

Le temps s'éclaircit,	Het weér heldert op.
Il recommence à faire beau,	Het begint weer goed weér te worden.
Il fait une chaleur excessive,	Het is buytengemeen heet.
Je ne saurais endurer la chaleur,	Ik kan de hitte niet verdragen.
Il neige,	Het sneeuwt.
Neige-t-il encore?	Sneeuwt het nog?
Il a beaucoup neigé la nuit passée,	Het heeft verledenen nacht veel gesneeuwd.
La neige adoucit le temps,	De sneeuw verzacht het weér.
Il neige à gros flocons,	Het sneeuwt met groote vlokken.
Le temps change souvent,	Het weér verandert dikwerf.
L'hiver commence,	Den winter begint.
Les jours décroissent,	De dagen nemen af.
Il fait froid,	Het is koud.
Il fait plus froid qu'hier,	Het is kouder dan gisteren.
Il fait glissant,	Het is glad.
C'est une forte gelée,	Wy hebben eene harde vorst.
Il y a bien de la glace,	Er is veel ys.
Voici un hiver froid,	Wy hebben eenen kouden winter.
Il gèle à pierre fendre,	Het vriest dat het kraekt.
Le temps est au dégel,	Het weér ontlaet zich.
Le dégel est venu,	Den dooy is begonnen.
La neige se fond,	Den sneeuw smelt.
La glace se fond,	Het ys smelt.
La débâcle est arrivée,	Het ys gaet los.
L'hiver sera bientôt passé,	Den winter zal weldra voorby zyn.

Les jours croissent,	De dagen worden langer.
Le soleil se lève plus tôt,	De zon komt vroeger op.
Je trouve cela très-agréable,	Ik vind dat zeer aengenaem.
Monsieur, votre serviteur,	Mynheer, uw dienaer.
Je suis le vôtre,	Ik ben den uwen.
Madame, votre servante,	Mevrouw, uwe dienares.
Je vous salue,	Ik groet u.
J'ai l'honneur de vous saluer,	Ik heb de eer u te groeten.
Je vous fais mon compliment,	Ik maek u myn kompliment.
Comment va la santé ?	Hoe gaet het met uwe gezondheyd ?
Comment vous portez-vous ?	Hoe vaert gy ?
Très-bien, et vous ?	Zeer wel, en gy ?
Comment se porte-t-on chez vous ?	Hoe vaert de familie ?
Assez bien, Dieu merci !	Vry wel, God dank.
Comment se porte votre ami ?	Hoe vaert uw vriend ?
Pas trop bien.	Niet al te wel.
Il est indisposé,	Hy is ongesteld.
Il ne se porte pas bien,	Hy vaert niet wel.
Il est malade,	Hy is ziek.
Est-il malade ?	Is hy ziek ?
Je l'ai encore vu hier,	Ik heb hem gisteren nog gezien.
Il est impossible,	Dat is onmogelyk.
Pourquoi est-il impossible ?	Waerom is het onmogelyk ?
Il n'a pas sorti,	Hy is niet uyt geweest.
Il n'est pas visible,	Men kan hem niet spreken.
Il est enrhumé,	Hy is verkoud.
Il a gagné un rhume,	Hy heeft eene koude gevat.
La fièvre l'a pris.	Hy heeft de koorts gekregen.

Il a la fièvre quotidienne,	Hy heeft de alledaegsche koorst.
Il a eu la fièvre tierce,	Hy heeft de anderendaegsche koorts gehad.
Il a tous les jours mal de tête,	Hy heeft alle dag hoofdpyn.
Il a mal de dents,	Hy heeft tandpyn.
Il ne fait que tousser,	Hy doet niets dan hoesten.
Il est enroué,	Hy is schor, heesch.
Il est enchifrené,	Hy is verstopt in het hoofd.
Il se fera saigner,	Hy zal zich doen laten.
Il prendra médecine,	Hy zal geneesmiddelen innemen.
Un sudorifique,	Eenen zweetdrank.
Je suis fâché d'apprendre qu'il ne se porte pas bien,	Het spyt my te vernemen dat hy ongesteld is.
Menez-moi dans sa chambre,	Breng my in zyne kamer.
Il sera bien aise de vous voir,	Hy zal verblyd zyn u te zien.
Je n'en doute pas,	Ik twyfel er niet aen.
Quel heure est-il?	Hoe laet is het?
Quel heure est-il à votre montre?	Hoe laet is het op uw horlogie?
Je ne saurais vous le dire exactement,	Ik kan het u niet juyst zeggen.
Il n'est pas tard,	Het is niet laet.
Il est encore de bonne heure,	Het is nog vroeg.
Il est huit heures,	Het is acht uren.
Huit heures et dix minutes,	Tien minuten over achten.
Huit heures et quart,	Kwartier over achten.
Huit heures et demie,	Half negen.
Neuf heures moins un quart,	Kwartier voor negenen.
Pardonnez-moi,	Vergeef my.
Il n'est pas si tard,	Het is zoo laet niet.

L'horloge va sonner,	De klok zal slaen.
Réglez votre montre,	Zet uw horlogie gelyk.
Votre montre va-t-elle bien?	Gaet uw horlogie goed?
Elle va à la minute,	Het gaet op de minuet af.
Elle va juste,	Het gaet zeer juyst.
La mienne avance,	Het myne gaet te gaeuw.
Elle retarde quelquefois,	Het gaet dikwerf te langzaem.
Elle s'arrête,	Het staet stil.
Je ne l'ai pas montée,	Ik heb het niet opgewonden.
Je n'y ai pas pensé,	Ik heb er niet aen gedacht.
Je l'ai oublié,	Ik heb het vergeten.
Ne l'oubliez plus,	Vergeet het niet meer.
Je vais chez moi,	Ik ga naer huys.
Il est temps de s'en aller,	Het is tyd om heen te gaen.
Allez-vous sitôt?	Gaet gy zoo vraeg?
Vous êtes bien pressé,	Gy hebt groote haest.
Je vous souhaite le bon soir,	Ik wensch u goeden avond.
Je vous souhaite un bon repos	Ik wensch u wel te rusten.
Je vous le souhaite pareillement,	Ik wensch u het zelfde.
Comme le temps se passe,	Wat gaet den tyd voorby.
Quel âge avez-vous?	Hoe oud zyt gy?
Je suis plus âgé que vous ne pensez,	Ouder dan gy denkt.
Avez-vous déjà vingt ans?	Zyt gy al twintig jaer?
Pas tout-à-fait,	Niet volkomen.
Vous êtes encore jeune,	Gy zyt nog jong.
Et quel est votre âge à vous?	En hoe oud zyt gy dan?
J'ai trente ans,	Ik ben dertig jaer.
Que dites-vous, trente ans!	Wat zegt gy, dertig jaer!
Oui, je me fais déjà vieux,	Ja, ik word al oud.

On ne le dirait pas,	Dat zou men niet zeggen.
Je croyais que vous aviez vingt deux,	Ik dacht dat gy twee en twintig waert.
Vous vous trompiez,	Gy hadt het mis.
Votre mère est bien âgée,	Uwe moeder is zeer oud.
Elle a quatre-vingt-dix ans,	Zy is negentig jaer.
Mon père en a soixante douze,	Myn vader is twee en zeventig
Ils diffèrent donc de quelques années,	Zy verschillen dus eenige jaren.
Combien d'enfans ont-ils ?	Hoe veel kinderen hebben zy ?
Ils en ont cinq,	Zy hebben er vyf.
Ils en ont eu huit,	Zy hebben er acht gehad.
J'espère encore vivre long-temps,	Ik hoop nog lang te leven.
Et moi aussi,	En ik ook.
Apprenez-vous la langue flamande ?	Leert gy de vlaemsche tael ?
Oui, monsieur, depuis six mois,	Ja, mynheer, sedert zes maenden.
Qui vous enseigne la langue ?	Wie onderwyst u de tael ?
Avez-vous un maître de langue ?	Hebt gy eenen taelmeester ?
Monsieur N.,	Den heer N.
Il instruit bien,	Hy onderwyst goed.
Il donne une bonne instruction,	Hy geeft een goed onderwys.
J'ai appris les parties du discours,	Ik heb de deelen der rede geleerd.
Les déclinaisons des noms,	De verbuygingen der naemwoorden.

La conjugaison des verbes,	De vervoeging der werkwoorden.
Je traduis tous les jours,	Ik vertael alle dagen.
Du flamand en français,	Uyt het vlaemsch in het fransch.
Je traduis aussi des thèmes,	Ik vertael ook opstellen.
Le maître les corrige,	Den onderwyzer verbetert dezelve.
Il m'explique les règles,	Hy legt my de regels uyt.
J'ai fait quelques progrès,	Ik heb eenige vooderingen gemaekt.
Mais je ne prononce pas trop bien,	Maer ik spreek niet al te goed uyt.
La prononciation est difficile,	De uytspraek is moeyelyk.
Prononcez ces mots,	Spreek deze woorden uyt.
Prononcez mieux,	Spreek beter uyt.
Ne parlez pas par le nez,	Spreek niet door den neus.
Cela va mieux,	Dat gaet beter.
Comprenez-vous tout cela?	Begrypt gy dat alles?
Parfaitement bien,	Volmaekt wel.
Vous parlez distinctement,	Gy spreekt duydelyk.
Je me donne bien de la peine,	Ik geef my veel moeyte.
Je m'applique,	Ik leg my toe.
J'étudie diligemment,	Ik studeer vlytig.
Je ne suis jamais oisif,	Ik ben nooyt ledig.
J'aime l'étude,	Ik bemin de studie.
Votre frère a perdu son livre.	Uw broeder heeft zyn boek verloren.
Où l'avait-il mis?	Waer had hy het gelegd?
Il ne le sais pas lui-même,	Hy weet het zelf niet.
Etes-vous sûr de cela?	Zyt gy daer zeker van?
Gardez mieux votre livre,	Bewaer uw boek beter.

Quelqu'un l'avait pris,	Iemand had het genomen.
Un de mes compagnons l'avait trouvé,	Een myner makkers had het gevonden.
Vous êtes nonchalant,	Gy zyt nalatig.
Je vais écrire une lettre,	Ik ga eenen brief schryven.
J'écrirai à un de mes amis,	Ik zal aen eenen myner vrienden schryven.
Je n'ai pas écrit depuis le mois passé,	Ik heb sedert verledene maend niet geschreven.
Ecrivez donc aujourd'hui,	Schryft dan van daeg.
Je n'ai point de papier,	Ik heb geen papier.
Donnez-moi une feuille,	Geef my eeen blaedje.
Quel papier souhaitez-vous?	Welk papier begeert gy?
Du papier à lettre,	Postpapier.
Je n'en ai pas.	Ik heb het niet.
Voulez-vous d'autre papier?	Wilt gy ander papier?
Apportez-moi des plumes,	Breng my pennen.
Des plumes neuves,	Nieuwe pennen.
Taillez cette plume,	Vermaek deze pen.
Elle est trop dure,	Zy is te styf.
N'est-elle pas trop molle?	Is zy niet te slap?
Non, elle est bonne à ma main,	Neen, zy is goed voor myne hand.
Donnez-moi d'autre encre,	Geef my anderen inkt.
Celle-ci est trop épaisse,	Dezen is te dik.
Elle ne coule pas,	Hy vloeyt niet.
Elle est trop blanche,	Hy is te bleek.
Donnez-m'en de plus noire,	Geef my zwarteren.
Vous écrivez trop vîte,	Gy schryft te gaeuw.
Ecrivez proprement,	Schryf zindelyk.
Il y a des pâtés sur le papier,	Er zyn vlecken op het papier.

Votre écriture n'est pas lisible,	Uw schrift is niet leesbaer.
C'est un barbouillage,	Het is brodelwerk.
Récrivez la lettre,	Schryf den brief over.
Il n'est pas nécessaire,	Dat is niet noodig.
Elle est assez bien écrite,	Hy is goed genoeg geschreven.
Vous ne tenez pas bien la plume,	Gy houdt de pen niet wel.
Tenez mieux la plume,	Houd de pen beter.
Courbez le pouce,	Burg den duym.
Allongez les doigts,	Houd de vingers regt.
Les lettres sont trop petites,	De letters zyn te kleyn.
Celles-là sont plus grandes,	Die zyn grooter.
Ne sont-elles pas jolies?	Zyn zy niet fraey!
Cachetez la lettre,	Maek den brief toe.
Mettez-y l'adresse,	Zet er het opschrift op.
Envoyez-la à la poste,	Zend hem naer den post.
Je l'affranchirai,	Ik zal hem frankeren.
Voilà de l'argent,	Daer is geld.
N'en avez-vous pas sur vous?	Hebt gy geen geld by u?
N'est-ce pas un ducat?	Is het geen dukaet?
Oui; qu'on vous rende le reste,	Ja; laet men u het overige terug geven.
Changez la pièce,	Wissel het stuk.
Il me faut de la monnaie,	Ik moet kleyn geld hebben.
Où allez-vous ce soir?	Waer gaet gy dezen avond heen?
Je vais au spectacle,	Ik ga naer den schouwburg.
Avec ma cousine,	Met myne nicht.
Je n'aime pas le spectacle,	Ik houd niet van het schouwspel.
Je vais au concert,	Ik ga naer het concert.
Car j'aime la musique,	Want ik houd van de muziek.

Jouez-vous aussi du violon ?	*Speelt gy ook op de viool?*
Non, je joue de la flûte,	*Neen, ik speel op de fluyt.*
Votre frère joue des orgues,	*Uw broeder speelt op het orgel.*
Nous jouerons ce soir du violon, de la flûte et des orgues	*Wy zullen dezen avond op de viool, op de fluyt en op het orgel spelen.*
Nous nous divertirons bien,	*Wy zullen ons zeer vermaken.*
Votre amie sera de la partie,	*Uwe vriendin zal van de party zyn.*
Je ne savais pas cela,	*Dat wist ik niet.*
Vous savez que j'irai faire un voyage ?	*Gy weet dat ik eene reys ga doen?*
Que dites-vous, un voyage !	*Wat zegt gy, een reys!*
Avec qui ?	*Met wien?*
Avec mon ami C.	*Met mynen vriend C.*
Nous irons à Londres,	*Wy zullen naer Londen gaen.*
Cela m'étonne,	*Dat verwondert my.*
Quand partirez-vous ?	*Wanneer zult gy vertrekken.*
Vers la fin du mois prochain,	*Tegen het eynde van de toekomende maend.*
Peut-être dans quinze jours,	*Misschien in veertien dagen.*
Le temps n'est pas encore fixé,	*Den tyd is nog niet bepaeld.*
Vous allez faire un beau voyage,	*Gy gaet eene schoone reys doen.*
Vous verrez la plus grande ville de l'Europe,	*Gy zult de grootste stad van Europa zien.*
Vous vous trompez,	*Gy bedriegt u.*
Constantinople est plus grand que Londres,	*Konstantinopel is grooter dan Londen.*

Mais la ville de Londres est plus peuplée,	Maer de stad London is volkryker.
Quelles nouvelles y a-t-il ?	Welk nieuws is er ?
Que dit-on de nouveau ?	Welk nieuws vertelt men ?
N'y a-t-il point de nouvelles ?	Is er geen nieuws ?
Il y a de grandes nouvelles,	Daer is groot nieuws.
L'empereur de Maroc est mort de la fièvre,	Den keyzer van Marokko is aen de koorts gestorven.
Que nous fait cet homme-là ?	Wat gaet ons die man aen ?
Je vous dirai quelque autre chose,	Ik zal u wat anders verhalen.
On parle de guerre,	Men spreekt van oorlog.
J'en frémis,	Ik beef er van.
Que le ciel nous en préserve !	Dat den hemel er ons voor beware !
Nous avons déjà trop souffert,	Wy hebben reeds te veel geleden.
Nous sommes appauvris,	Wy zyn verarmd.
La paix n'a duré que six mois,	Den vrede heeft maer zes maenden geduerd.
Elle ne fait que commencer,	Hy begint eerst.
Aurons-nous donc toujours la guerre ?	Zullen wy dan altyd oorlog hebben ?
Il y a déjà eu un combat,	Er heeft reeds een gevecht plaets gehad.
Les ennemis ont été repoussés,	De vyanden zyn terug geslagen.
Je n'en crois rien,	Ik geloof er niets van.
J'attends avec impatience la gazette,	Ik wacht met ongeduld de kourant.
N'avez-vous pas lu celle d'hier ?	Hebt gy die van gisteren niet gelezen ?

Non, mon ami; y avait-il quelque nouvelle ?	Neen, myn vriend; was er eenig nieuws in?
On écrivit de Paris que le roi était arrivé,	Men schreef uyt Parys dat den koning aengekomen was.
C'est une bonne nouvelle,	Dat is eene goede tyding.
J'ai bon appétit, mettons-nous à table.	Ik heb eetlust, laet ons aen tafel gaen.
J'ai faim et soif,	Ik heb honger en dorst.
Je meurs de faim,	Ik sterf van honger.
Donnez-moi quelque chose à manger,	Geef my iets te eten.
Voulez-vous déjeûner ?	Wilt gy ontbyten?
N'est-il pas temps de déjeûner?	Is het geen tyd om te ontbyten?
Pour moi, je ne saurais manger si matin,	Wat my aengaet, ik kan zoo vroeg niet ontbyten.
Je ne soupai point hier au soir,	Ik heb gister avond niet geëten.
C'est une autre chose,	Dat is iets anders.
Le souper est mon meilleur repas,	'S avonds doe ik myn beste mael.
Je fais regulièrement trois repas par jour.	Ik eet geregeld dry mael daegs.
A quelle heure déjeûnez-vous ordinairement ?	Hoe laet ontbyt gy gewoonelyk?
A neuf heures,	Om negen uren.
Souhaitez-vous une beurrée?	Verkiest gy eene boterham?
Oui, si vous avez de bon buerre frais,	Ja, indien gy goede versche boter hebt.
Faisons du thé et du café,	Laet ons thee en koffy maken.
L'eau ne bout pas encore,	Het water kookt nog niet.

Laissez infuser le thé,	Laet den thee trekken.
Il est trop fort,	Hy is te sterk.
Ajoutez-y encore un peu d'eau,	Doe er nog wat water by.
Il est meilleur à présent,	Nu is hy beter.
Mettez-y du sucre et du lait,	Doe er suyker en melk in.
Où achetez-vous ce thé ?	Waer koopt gy dien thee ?
Dans cette boutique,	In dien winkel.
Il est excellent,	Hy is heerlyk.
On y vend aussi de bon café,	Men verkoopt er ook goeden koffy.
Le tout à un prix raisonnable,	Alles voor eenen redelyken prys.
Vous dînerez avec nous n'est-ce pas ?	Gy zult met ons middagmalen, niet waer ?
Avec bien du plaisir,	Met veel genoegen.
Très-volontiers,	Zeer geerne.
J'aurai cet honneur-là,	Ik zal die heer hebben.
A quelle heure dînez-vous ordinairement ?	Hoe laet eet gy gewoonelyk ?
A trois heures précises,	Om dry uren juyst.
Je reviendrai donc à deux heures et demie,	Dan zal ik om half dry weerkomen.
J'ai encore des affaires en ville,	Ik heb nog zaken in de stad te verrigten.
J'ai encore des commissions à faire,	Ik heb nog boodschappen te doen.
Je les ferai avant dîner,	Ik zal die voor het middagmael [doen.
Le couvert est mis,	De tafel is gedekt.
Mettons-nous à table,	Laet ons aen tafel gaen.
Voici une bonne place,	Hier is eene goede plaets.

Je n'aime pas à être si près du feu,	Ik ben niet geerne zoo digt by het vuer.
Asseyez-vous donc ici,	Ga dan hier zitten.
Vous avez bien de la bonté,	Gy zyt zeer vriendelyk.
On va servir,	Men gaet opdoen.
Il manque ici un couvert,	Hier ontbreekt een bord.
Où sont les couteaux ?	Waer zyn de messen ?
Mon valet n'est pas fort attentif,	Myn knecht is niet zeer oplettend.
Il oublie souvent l'une ou l'autre chose,	Hy vergeet dikwerf het een of het ander.
Il est encore trop jeune,	Hy is nog te jong.
C'est un défaut qu'il corrige tous les jours,	Dat is een gebrek, dat hy allen dag verbetert.
Cette soupe me paraît bonne,	Die soep schynt goed te zyn.
Vous en servirai-je ?	Zal ik er u van bedienen ?
Je vous en demanderai un peu,	Ik zal u een weynig verzoeken.
Qu'on ôte la soupe,	Dat men de soep afneme.
C'est d'excellent bœuf,	Dat is heerlyk ossenvleesch.
Voulez-vous du bouilli ou du rôti ?	Wilt gy gekookt of gebraden vleesch ?
Souhaitez-vous du gras ou du maigre ?	Verkiest gy vet of mager ?
Un peu de l'un et de l'autre,	Een weynig van beyde.
Je crois que la viande est trop cuite,	Ik geloof dat het vleesch te gaer is.
Voici un morceau tout cru,	Hier is een stuk dat geheel raeuw is.
Oui, vraiment,	Ja, waerlyk.

Etes-vous amateur de moutarde ?	Houdt gy van mosterd ?
Je ne m'en soucie pas beaucoup,	Ik geef er niet veel om.
Mais vous n'avez pas de pain,	Maer gy hebt geen brood.
Jean ! présentez du pain à monsieur,	Jan, bedien mynheer van brood.
Voici du pain blanc,	Hier is wit brood.
Donnez-moi un morceau de pain de ménage,	Geef my een stuk huysbakken brood.
Il y a aussi du pain tendre,	Daer is ook versch brood.
Je préfère le pain rassi,	Ik verkies oudbakken brood.
Mes amis, vous oubliez la bouteille,	Myne vrienden, gy vergeet de flesch.
Vous ne pensez pas à boire,	Gy denkt niet om te drinken.
Le vin est-il bon ?	Is den wyn goed ?
Il est excellent,	Hy is heerlyk.
Encore un verre,	Nog een glaesje.
Cela réveille l'appétit,	Dat wekt den eetlust op.
Mangerez-vous de ce brochet ?	Zult gy van dien snoek eten ?
Je ne suis pas grand amateur de poisson,	Ik ben geen grooten liefhebber van visch.
Je crains trop les arrêtes,	Ik vrees te veel voor de graten.
Prenez un morceau d'anguille,	Neem een stukje paling.
Passez-moi le saladier,	Reyk my den salaedschotel eens over.
Assaisonnez la salade,	Maek de salade gereed.
Voici le vinaigrier, l'huilier et la salière,	Hier is het azynflesje, het olieflesje en het zoutvat.

Voyez, monsieur, si elle est à votre goût,	Zie, mynheer, of zy naer uwen smaek is.
N'y a-t-il pas trop d'huile?	Is er niet te veel olie op?
Elle est très-bonne,	Zy is zeer goed.
Mes amis, nous rendrons grâce,	Myne vrienden, wy zullen danken.
Sortons de table,	Laet ons van tafel opstaen.

FIN.

www.ingramcontent.com/pod-product-compliance
Lightning Source LLC
Chambersburg PA
CBHW071934160426
43198CB00011B/1394